SENTIR, PENSAR, AGIR
CORPOREIDADE E EDUCAÇÃO

MARIA AUGUSTA SALIN GONÇALVES

SENTIR, PENSAR, AGIR
CORPOREIDADE E EDUCAÇÃO

PAPIRUS EDITORA

Capa	Fernando Cornacchia
Foto de capa	Rennato Testa
Copidesque	Mônica Saddy Martins
Revisão	Thiago Villela Basile e Lúcia Helena Lahoz Morelli

Dados Internacionais de Catalogação na Publicação (CIP)
(Câmara Brasileira do Livro, SP, Brasil)

Gonçalves, Maria Augusta Salin
   Sentir, pensar, agir: Corporeidade e educação/Maria Augusta Salin Gonçalves. – 15ª ed. – Campinas, SP: Papirus, 2012. – (Coleção Corpo e Motricidade)

Bibliografia.
ISBN 978-85-308-0253-0

1. Educação – Filosofia 2. Educação física – Filosofia I. Título.
II. Série.

12-05248   CDD-613.701

Índices para catálogo sistemático:
1. Educação física: Filosofia   613.701

15ª Edição – 2012
9ª Reimpressão – 2024
Tiragem: 30 exs.

Exceto no caso de citações, a grafia deste livro está atualizada segundo o Acordo Ortográfico da Língua Portuguesa adotado no Brasil a partir de 2009.

Proibida a reprodução total ou parcial da obra de acordo com a lei 9.610/98. Editora afiliada à Associação Brasileira dos Direitos Reprográficos (ABDR).

DIREITOS RESERVADOS PARA A LÍNGUA PORTUGUESA:
© M.R. Cornacchia Editora Ltda. – Papirus Editora
R. Barata Ribeiro, 79, sala 316 – CEP 13023-030 – Vila Itapura
Fone: (19) 3790-1300 – Campinas – São Paulo – Brasil
E-mail: editora@papirus.com.br – www.papirus.com.br

Agradeço a todos aqueles que, de alguma forma, contribuíram para este livro.

SUMÁRIO

INTRODUÇÃO	9
1. O CORPO NA VIDA COTIDIANA	13
O corpo e o processo de civilização	14
O corpo na sociedade industrial contemporânea	25
O controle do corpo na escola	32
2. A PROBLEMÁTICA DO HOMEM E SUA CORPOREIDADE NO PENSAMENTO FILOSÓFICO	39
O homem e sua corporeidade na História da Filosofia	40
O homem e sua corporeidade na perspectiva marxista	57
O sentido do corpo em Merleau-Ponty	64
3. REFLEXÕES SOBRE O HOMEM	73
4. A EDUCAÇÃO E A EDUCAÇÃO FÍSICA	117
A Educação	118
A Educação Física	133
A Educação Física como prática transformadora	144
CONSIDERAÇÕES FINAIS	171
GLOSSÁRIO	179
REFERÊNCIAS BIBLIOGRÁFICAS	187

INTRODUÇÃO

As reflexões que apresentamos neste trabalho não são aquisições definitivas, são decorrentes de um processo histórico, no qual a nossa vida é vivida dia a dia, construindo e reconstruindo nossa identidade, no encontro (ou desencontro) com os outros, em um mundo que também está em acelerada transformação. Essas reflexões estão, portanto, em um constante processo de evolução. A nossa busca de compreender o mundo não se encerra aqui, prossegue com o mesmo esforço de penetrar no âmago do real e encontrar seu sentido. A nossa tarefa, portanto, nunca estará plenamente concluída, pois a riqueza da realidade ultrapassa sempre a nossa compreensão. No entanto, a realidade não é um mistério impenetrável e, a cada momento, descobrir, atrás da aparência das coisas, a sua essência, é uma aventura e um desafio constante.

Refletindo sobre a existência — sobre o nosso próprio destino, sobre o homem em sua humanidade, sobre os acontecimentos culturais e sociopolíticos do mundo em geral e da realidade brasileira, e sobre o sentido da Educação —, buscamos atingir uma maior compreensão do real, que nos sirva de apoio e orientação para a nossa práxis cotidiana. As nossas reflexões, como parte de nós mesmos, transformam-se à medida que nos transformamos. Assim, o método, em um trabalho de reflexão filosófica, deixa de ser um instrumento utilizado por nós, e identifica-se com o movimento da própria consciência em sua busca de desvelar o real. Na crescente aproximação da estrutura do fenômeno, a consciência se alarga, adquire novas formas de significar, estabelecendo novas conexões.

No entanto, em toda mudança há algo que permanece, que constitui o elo que unifica as transformações e aponta ao processo a sua direção. Assim, no processo pessoal histórico de compreensão da realidade, nos parece não haver retrocessos, mas, sim, um progressivo aprofundamento na essência do fenômeno, aprendendo pacientemente a distinguir o que é essencial do que é secundário, o que é real do que é apenas aparente, o que é permanente do que é transitório. No processo de construção da nossa concepção do homem, do mundo e do nosso destino, processo que se configura na relação dialética do Eu com o mundo, nunca há uma ruptura total, mas, sim, uma continuidade, uma busca de superação das contradições, em que certas verdades desveladas permanecem como princípio integrador na síntese de novas ideias.

De acordo com esse pensamento, as ideias que apresentamos neste livro são inacabadas, estando sujeitas a um processo de enriquecimento, mas, certamente, nunca serão, em nós, totalmente substituídas, pois consideramos ter conseguido caminhar no sentido de uma maior compreensão do fenômeno educativo, em geral, e da Educação Física em particular, tarefa a que nos propusemos ao realizar este trabalho.

Todo estudo que pretende abranger o fenômeno educativo movimenta-se, necessariamente, em dois níveis: o filosófico e o científico. A Educação, de maneira geral, pode ser definida como a prática de meios adequados para desenvolver as possibilidades humanas. A questão "quais as possibilidades humanas?" só pode ser respondida a partir de um posicionamento filosófico, que busque uma compreensão da realidade humana e social. A questão "para que se educa?", fundamental em qualquer reflexão sobre Educação, só pode ser respondida com referência a valores. Toda a gama de conhecimentos necessários à Educação em geral e à Educação Física, advinda das ciências empírico-humanas, que explicam os variados processos educativos e embasam práticas educacionais concretas, só adquire sentido se visualizada a partir da concepção do que seja o homem, a sociedade e os fins da Educação. Desse modo, o nível científico em que se movimentam teorias e práticas educacionais da Educação Física encontra seu fundamento no nível filosófico, no qual buscamos respostas às questões: O que são o homem e a realidade social? Qual o sentido da corporalidade e do movimento na vida humana? A resposta a essas questões é o suporte no qual deve-se apoiar a prática educativa do professor de Educação Física, constituindo-se no momento integrador dos conhecimentos advindos das diferentes ciências.

Tentando responder a essas questões, estruturamos a exposição de nossas ideias em quatro capítulos. No primeiro capítulo — O corpo na vida cotidiana —, procuramos realizar uma crítica da sociedade industrial contemporânea, buscando desvelar os antecedentes históricos das relações do homem com sua corporalidade, e apontando para as suas consequências, na escola e nas aulas de Educação Física. No segundo capítulo — A problemática do homem e sua corporeidade no pensamento filosófico —, acenamos para o sentido da evolução histórica dessa problemática, aprofundando nosso estudo nas obras dos filósofos Marx e Merleau-Ponty. No terceiro capítulo — Reflexões sobre o homem —, apresentamos o nosso pensamento do que seja o homem, a realidade social, focando também a questão da corporalidade e do movimento. No quarto capítulo — A educação e a educação física —, com base em nossas reflexões sobre o homem, a realidade social e os fins da Educação, buscamos uma compreensão radical da Educação Física como fenômeno educativo. Pretendemos, assim, inserir-nos no movimento de busca de uma nova concepção da Educação Física, visualizada como um processo de humanização do homem e da sociedade: uma Educação Física comprometida com a sua libertação.

Gostaríamos de assinalar que, sendo um trabalho de reflexão filosófica, esse não tem a intenção de instrumentalizar o professor de Educação Física para a ação educativa. Para que este seja competente, necessita do conhecimento de diferentes ciências e, mais ainda, deve ser capaz de integrar esses conhecimentos em sua prática concreta. Pretendemos, outrossim, com este trabalho, oferecer ao professor de Educação Física subsídios filosóficos, que o incentivem à reflexão e à busca de concepções que possam dar sentido à sua prática e constituam ponto de partida para a crítica das diferentes concepções subjacentes às diversas teorias e práticas educativas.

1
O CORPO NA VIDA COTIDIANA

A forma de o homem lidar com sua corporalidade, os regulamentos e o controle do comportamento corporal não são universais e constantes, mas, sim, uma construção social, resultante de um processo histórico. O homem vive em um determinado contexto social com o qual interage de forma dinâmica, pois, ao mesmo tempo em que atua na realidade, modificando-a, esta atua sobre ele, influenciando e, até podemos dizer, direcionando suas formas de pensar, sentir e agir. Assim, as concepções que o homem desenvolve a respeito de sua corporalidade e as suas formas de comportar-se corporalmente estão ligadas a condicionamentos sociais e culturais. A cultura imprime suas marcas no indivíduo, ditando normas e fixando ideais nas dimensões intelectual, afetiva, moral e física, ideais esses que indicam à Educação o que deve ser alcançado no processo de socialização. O corpo de cada indivíduo de um grupo cultural revela, assim, não somente sua singularidade pessoal, mas também tudo aquilo que caracteriza esse grupo como uma unidade. Cada corpo expressa a história acumulada de uma sociedade que nele marca seus valores, suas leis, suas crenças e seus sentimentos, que estão na base da vida social[1].

Ao longo da história humana, o homem apresenta inúmeras variações na concepção e no tratamento de seu corpo, bem como nas formas de comportar-se corporalmente, que revelam as relações do corpo com um determinado contexto social. Desse modo, variam as técnicas corporais relativas: a) aos movimentos como andar, pular, correr, nadar etc.; b) os movimentos corporais expressivos (posturas, gestos, expressões faciais), que são formas simbólicas de expressão não verbal; c) a ética corporal, que abrange ideias e sentimentos sobre a aparência do próprio corpo (pudor, vergonha, ideais de beleza etc.); d) o controle de estrutura dos impulsos e das necessidades[2].

Esses quatro aspectos não só diferem, em sua ordenação e em sua coordenação, de sociedade para sociedade, como também, dentro da mesma sociedade, conforme o sexo, a idade, a religião, a ocupação, a classe social e outros fatores socioculturais.

Neste capítulo, pretendemos refletir sobre as relações do homem com a sua corporalidade na sociedade industrial contemporânea, buscando desvelar os seus antecedentes históricos, ao longo do processo de civilização ocidental, e apontando também para a forma que essas relações assumem na escola e nas aulas de Educação Física.

O corpo e o processo de civilização

Estudos de História da Cultura e Antropologia Cultural[3] revelam que o processo de desenvolvimento

---

1. Antropólogos brasileiros, como José Carlos Rodrigues (1986, 1987), Roberto Da Matta (1987), Márcia Contins (1987) e Everardo P.G. Da Rocha (1987), dedicam-se ao estudo de uma antropologia do corpo, em várias culturas e na sociedade brasileira.
2. Ommo Grupe. *Sport und Sportunterricht*, 1980.
3. Entre esses estudos destacam-se *Ueber den Prozess der Zivilization:*

social, desde as sociedades mais primitivas até a sociedade moderna, trouxe um progressivo distanciamento da participação do corpo na comunicação. Nas sociedades mais estruturadas, em que a divisão do trabalho é acentuada, são menores a espontaneidade e a expressividade corporal, e maior a instrumentalização do corpo.

Nas sociedades estruturalmente mais simples, o homem, para sua sobrevivência, depende diretamente da acuidade dos seus sentidos, da agilidade de seus movimentos e da rapidez de suas reações corporais. Para a caça, por exemplo, o homem primitivo depende diretamente da percepção sensível e da ação do seu corpo; do mesmo modo, para detectar a aproximação de inimigos, por meio da apreensão de vibrações do solo. A vida cotidiana do homem primitivo, sua atividade prática e suas condições de trabalho — determinantes históricos do processo de evolução da vida social — geraram, assim, uma relação com a natureza diferente da do homem ocidental. A dependência do homem primitivo em relação à natureza trouxe uma identificação com esta, que faz com que ele lhe atribua qualidades humanas. Mounier[4] observou, nos povos africanos, uma abertura religiosa ao homem e ao universo, não havendo nesses a paixão do homem ocidental de descobrir, de forçar e de modificar a natureza. O domínio da natureza, no homem primitivo, circunscreve-se à observação de suas regularidades rítmicas (estações do ano, períodos de caça e plantio etc.), estando esta na base da organização da vida social. Na expressividade de seus movimentos, o homem primitivo revela sua íntima união com a natureza. Seu corpo, como parte da natureza, também produz ritmos, que se revelam na harmonia de seus movimentos corporais. Todos os acontecimentos importantes da sociedade são celebrados por meio de intensa participação corporal, em que o corpo é pintado ou tatuado e, pelas

---

Soziogenetische und Psychogenetische Untersuchung, de Norbert Elias, e *Naturbeherrschung am Menschen*, de Rudolf Zur Lippe.
4. Emmanuel Mounier. *L' éveil de l'Afrique noir*, 1962.

15

danças e pelos rituais, expressa emoções de alegria, tristeza e sentimentos místicos e guerreiros. Em sua obra *Cartas a Guiné-Bissau*, Paulo Freire observa que os movimentos corporais do negro africano revelam suas relações de harmonia com a natureza, e chama a atenção para "o possível potencial que a mímica, como expressão corporal, possa ter em culturas em que o corpo não foi submetido a um intelectualismo racionalizante"[5].

Nas civilizações orientais, as relações do homem com sua corporalidade diferem das da civilização ocidental. Com base nas tradições místicas do pensamento oriental, a experiência do corpo é vista como a chave para a experiência do mundo e para a consciência da totalidade cósmica[6]. O conhecimento do mundo baseia-se na intuição direta da natureza das coisas, numa relação com o mundo que envolve intensamente o homem como ser corporal e sensível.

A civilização ocidental, com suas raízes na Antiguidade Grega, tem em seu cerne a tendência de uma visão dualista do homem como corpo e espírito. Seu processo de desenvolvimento, realizado por meio de tensões e oscilações históricas, caracteriza-se por uma valorização progressiva do pensamento racional em detrimento do conhecimento intuitivo, da razão em detrimento do sentimento, e do universal em detrimento do particular.

Estudos de Norbert Elias[7], Foucault[8] e Zur Lippe[9] apontam para as consequências que o processo de civilização trouxe ao homem moderno ocidental, no que diz respeito a sua corporalidade. Esses pensadores, embora analisem sob perspectivas diferentes os antece-

---

5. Paulo Freire. *Cartas a Guiné-Bissau*, 1984, p. 111.
6. Fritjof Capra, em suas obras *O tao da física* (1983) e *O ponto de mutação* (1986), critica a ênfase dada em nossa cultura ao pensamento racional, buscando um novo paradigma para a compreensão da realidade e sua transformação cultural, inspirado nas tradições místicas do pensamento oriental.
7. Norbert Elias. *Ueber den Prozess der Zivilization*, 1976.
8. Michel Foucault. *Vigiar e punir*, 1987.
9. Rudolf Zur Lippe. *Naturbeherrschung am Menschen*, 1979.

dentes históricos que ocasionaram as formas de o homem da era industrial relacionar-se com a sua corporalidade, todos eles apontam para um processo de "descorporalização" (*Entkoerperlichung*) do homem. Descorporalização significa, por um lado, que, ao longo do processo de civilização, em uma evolução contínua da racionalização, o homem foi tornando-se, progressivamente, o mais independente possível da comunicação empática do seu corpo com o mundo, reduzindo sua capacidade de percepção sensorial e aprendendo, simultaneamente, a controlar seus afetos, transformando a livre manifestação de seus sentimentos em expressões e gestos formalizados. A crescente diferenciação de funções na sociedade e, consequentemente, o crescimento da interdependência entre as pessoas geraram uma teia de entrelaçamentos funcionais e institucionais, na qual o indivíduo é cada vez mais ameaçado em sua existência social, necessitando, por isso, prever e calcular os efeitos de suas ações e reações sobre os outros, aprendendo a reprimir seus afetos e a postergar a satisfação de suas necessidades. As necessidades, na sociedade industrial, crescem constantemente e expandem-se, o homem perde de vista os fins de sua ação e, ante as permanentes ameaças que enfrenta, reprime suas necessidades e, com isso, sua chance de satisfação e gratificação. Acompanhando o processo de civilização, crescem o planejamento e o cálculo, incompatíveis com espontaneidade e ações imediatas a impulsos[10]. No trabalho, a manipulação do corpo foi, progressivamente, assumindo proporções cada vez mais graves, com a expansão do sistema capitalista e com o desenvolvimento da tecnologia: os movimentos corporais tornaram-se instrumentalizados, como se pode observar, por exemplo, na indústria, ao dissociar os movimentos corporais em partes isoladas para aumentar a produção. O mesmo acontece no esporte institucionalizado, no qual persistem as ideias de uma

---

10. Norbert Elias. *op. cit.*

ilimitada manipulação e aperfeiçoamento do corpo[11] e de uma quantificação das capacidades corporais.

Por outro lado, descorporalização significa que, ao longo do processo de civilização, identidade, interação, hierarquia social e funcionamento do sistema social foram tornando-se independentes das habilidades corporais e da aparência do corpo[12]. Nas sociedades pré-industriais, era grande a significação do corpo para a identidade pessoal e social e para o funcionamento da sociedade. Nessas sociedades eram valorizadas qualidades corporais como força, destreza e agilidade, não somente em torneios e competições, também eram importantes para a vida militar e política. Vencer uma competição significava não somente a comprovação de uma superioridade física, mas muito mais: o reconhecimento do vencedor como um elemento superior daquela sociedade. As relações sociais eram construídas e consolidadas pelo corpo. O exercício do domínio e do poder não se realizava, em geral, por meio de determinações formais, mas, sim, pela presença corporal. Características corporais como altura, cor da pele etc. tinham um papel central no desempenho das funções sociais, sendo também motivo para estigmatização[13].

Na Idade Média, as ações do homem, em sua vida cotidiana, estavam diretamente ligadas a seu corpo, o que fazia com que esse estivesse no centro dos acontecimentos. Para Rittner[14], três características dessa época unem o corpo aos fins da ação humana: a noção de tempo, de personalidade e de economia. Estas não se constituíam como ideias abstratas, separadas de experiências vivas e concretas, mas, sim, como propriedades que se ligavam funcionalmente ao corpo. Nas sociedades tradicio-

---

11. Michael Klein. "Social body, persoenlicher Leib und der Koerper im Sport". In: *Sport und Koerper*, Hg.: Michael Klein, 1984, p. 11.
12. Ommo Grupe. *op. cit.*, p. 78.
13. *Ibid.*
14. Volker Rittner. "Handlung, Lebenswelt und Subjetivierung". In: *Zur Geschichte des Koerpers*, 1976.

nais a ação real do homem submetia-se ao desenrolar natural do tempo, às estações do ano, ao crescimento das plantas e ao ritmo de reprodução dos animais. A ideia de personalidade orientava-se no sistema de castas, uma muralha dentro da qual o indivíduo nascia e não tinha condições de sair. A pessoa, como corpo e espírito, submetia-se à ordem dada, havendo poucas possibilidades para impulsos individuais. A identidade, no sistema feudal, era garantida por um sistema de relações fundado em um princípio de unidade entre trabalho, domínio e prazer. A economia, em geral, era orientada para a subsistência, uma economia para viver e sobreviver. Assentados em necessidades vitais como a fome e a sede, os fins da economia quase não conheciam os elementos de planejamento e cálculo, permitindo que a ação dos homens ainda estivesse estreitamente ligada à satisfação de necessidades básicas.

Com a expansão e a solidificação do sistema capitalista e com o crescente domínio da natureza, por intermédio da ciência e da técnica, transformaram-se progressivamente as relações do homem com a sua corporalidade.

Zur Lippe[15], em suas investigações históricas sobre a corporalidade, conclui que o homem ocidental estendeu sua atitude de um crescente domínio da natureza ao seu próprio corpo, domínio esse que caminhou passo a passo com a exploração do trabalhador corporal no sistema capitalista. Essa atitude do homem em relação a sua corporalidade, como uma parte da natureza que deveria ser dominada, e que separa corpo e espírito, sensação e razão, perpassa o século XVI, quando surgiu a ciência moderna[16]. A

---
15. Rudolf Zur Lippe. *op. cit.*
16. Essa atitude pode também ser observada em outros campos de atividade humana. No balé, esse fenômeno apareceu, por exemplo, no século XVI, em forma de uma "geometrizacão do homem", em que os movimentos corporais eram enquadrados em sistemas métricos, o que não deixava mais lugar para uma genuína experiência corporal (Norbert Elias. *op. cit.*).

19

racionalidade implícita na ciência moderna é a de dominação e controle da natureza. A ciência medieval, cujo conhecimento apoiava-se na razão e na fé, procurava compreender o significado das coisas, não com o objetivo de controle. A visão organicista do mundo, na época medieval, em cuja ordem o homem se inseria como parte do todo, gerava nas pessoas uma atitude de profundo respeito à natureza.

A partir do Renascimento, favorecido pelo tipo de racionalidade que tomou por paradigma o universo matemático e mecânico, o homem descobre o poder da razão para transformar o mundo e produzi-lo conforme suas necessidades. Com o acelerado progresso das ciências, a partir do século XVII, o homem passou a considerar a razão como o único instrumento válido de conhecimento, distanciando-se de seu corpo, visualizando-o como um objeto que deve ser disciplinado e controlado. Fragmentado em inúmeras ciências, o corpo passou a ser um objeto submetido ao controle e à manipulação científica. Com a visão positivista, o mundo físico, observável, mensurável tornou-se a única realidade. "A imagem fisicalista do positivismo empobreceu o mundo humano e, em seu absoluto exclusivismo, deformou a realidade: reduziu o mundo real a uma única dimensão e sob um único aspecto, à dimensão da extensão e das relações quantitativas"[17]. A redução do universo físico a elementos mensuráveis, predominante no pensamento científico, "fechou progressivamente a compreensão dos homens aos elementos qualitativos e sensíveis do mundo natural"[18].

Essa forma de ver o mundo, como já mencionamos, está imersa em uma situação concreta e histórica: no modo de produção capitalista, cujo desenvolvimento acelerou-se a partir do século XVII. Assim, passo a passo com a descoberta do homem como um ser moldável, que é

---
17. Karel Kosik. *Dialética do concreto*, 1985, p. 24.
18. Lucien Goldmann. *Dialética e cultura*, 1979, p.110.

possível de ser manipulado, caminha a descoberta da natureza como um conjunto de forças mecânicas, sujeitas a controle e exploração.

Inerente à economia mercantil, característica do sistema capitalista, está o processo de redução do concreto ao abstrato, da qualidade à quantidade. Nas sociedades pré-capitalistas, o trabalho do homem estava ligado às necessidades concretas e vitais. Com o modo de produção capitalista, o trabalho transformou-se em trabalho abstrato, pois os homens não mais produziam para a satisfação de necessidades básicas imediatas, mas, sim, passaram a produzir apenas para a venda, adquirindo o trabalho o valor de mercadoria.

Em toda a história da civilização ocidental, sempre houve a separação entre o trabalho que exige maior participação corporal, o manual, e o trabalho intelectual. A este último somente tinham acesso os indivíduos das classes dominantes. Na Antiguidade, havia os escravos, que se dedicavam aos trabalhos corporais e eram considerados uma classe inferior. Na Idade Média, no sistema de produção feudal, eram os servos dos proprietários de terra que realizavam os trabalhos braçais. Desde essa época até a revolução industrial, havia também, nas cidades, os oficiais artesãos, que trabalhavam para os mestres pequeno-burgueses. Com o desenvolvimento da manufatura, foram, pouco a pouco, aparecendo os operários, já empregados por grandes capitalistas. O trabalho manual sempre ocupou, assim, um lugar inferior na hierarquia social da civilização ocidental, pois toda sua realização se dava sob o jugo de classes dominantes. Os artesãos da Idade Média, no entanto, ainda tinham uma ligação viva com seu trabalho, no qual imprimiam seu ser total. Também na época do Renascimento, o homem ainda é criador e tem um vínculo direto com o produto de seu trabalho. Com o desenvolvimento da indústria moderna, surgiu a divisão técnica do trabalho, em que o operário realiza tarefas isoladas, que correspondem apenas a partes específicas do produto final. Separando-se do produto final, o operário moderno tornou-se indiferente em relação a seu trabalho[19], perdendo a ligação afetiva com o produto de suas mãos. As suas mãos e todo o seu corpo "esvaziam-se" do espírito, para poder realizar maquinalmente a tarefa que lhes é imposta.

A abstração inerente ao modo de produção capitalista trouxe, assim, a ruptura das relações imediatas do homem com seu corpo e com a natureza. A redução do trabalho humano à força de trabalho, no sentido fisiológico, trouxe consigo uma dissociação entre a força criativa espiritual do homem e a força fisiológica corporal, gerando um corpo autônomo, desprovido de subjetividade. A força muscular do trabalhador, sua energia e sua resistência passaram a ser objetos da exploração capitalista; seu corpo passou a ser um corpo oprimido, manipulável, um instrumento para a expansão do capital.

Ao mesmo tempo em que se dava a expansão do sistema capitalista, a classe privilegiada distanciava-se de tudo o que significava trabalho corporal, circunscrito às classes mais baixas, e adotava formas de comportar-se corporalmente que a distinguiam dessas classes. Como nova classe dominante, a burguesia em ascensão, por um lado, procurava emancipar-se das normas e dos moldes comportamentais da aristocracia, mas, por outro lado, ao assumir as funções dominantes, assimilava normas de comportamentos sociais — expressas nas regras de boas maneiras, nos hábitos alimentares e sexuais, na vestimenta e nas posturas corporais — que se constituíam numa amálgama de códigos de comportamento da velha e da nova classe dominante[20].

Os estudos de Elias[21] sobre a evolução histórica do processo de civilização nas camadas sociais mais

---

19. Karl Marx. "Feuerbach, oposição das concepções materialista e idealista". In: Marx Engels — obras escolhidas, 1982, p. 46.
20. Norbert Elias. op. cit., pp. 429-430.
21. Ibid.

altas revelam que a transformação da estrutura psíquica do homem ocidental, no sentido de uma crescente repressão dos afetos, caminha passo a passo com a criação do Estado moderno, com seu monopólio dos aparatos de controle e vigilância. A ameaça física que os indivíduos sofriam como guerreiros livres, antes do século XII, em suas lutas e guerras, foi substituída gradualmente, com a sua permanência em cortes, por uma constante pressão, ligada a funções mais pacíficas como o dinheiro ou o prestígio. A ameaça física direta, que provinha de todos os lados e envolvia sentimentos extremos como o amor e o ódio, foi tornando-se impessoal e substituída por uma ameaça submetida a regras e a previsões. O progressivo monopólio estatal da violência corporal, instituído com a formação de órgãos centralizadores de poder, cada vez mais estáveis, protegia o indivíduo da violência, ao mesmo tempo em que o obrigava a reprimir seus próprios impulsos de ataque corporal. O controle exterior transformou-se em autocontrole, e a ameaça exterior passou a constituir-se em ameaça de fracasso do autocontrole. A tensão e a paixão, que antes eram descarregadas imediatamente na luta corporal, foram colocadas para dentro do indivíduo, transformando-se em tensão interna constante, que aparece, no homem moderno, em forma de ansiedade difusa, insatisfação e doenças psicossomáticas. Suas tendências e seus impulsos, muitas vezes, encontram satisfação somente na forma de fantasia alienada, ou em ver e ouvir passivamente, em vez de participar.

As análises históricas de Foucault[22] revelam a existência de um poder — diferente do poder do Estado, mas a ele articulado, bem como ao modo de produção capitalista — que age nos corpos dos indivíduos, oprimindo-os: o poder disciplinar. Foucault mostrou como essa forma específica de poder, que surgiu a partir do século XVII, agia nas mais

---

22. Michel Foucault. *op. cit.*

diversas instituições sociais — escolas, hospitais, prisões, fábricas, quartéis... —, com o objetivo de submeter o corpo, de exercer um controle sobre ele, atuando de forma coercitiva sobre o espaço, o tempo e a articulação dos movimentos corporais. Esse controle era exercido mais sobre os processos de atividade do que sobre seus resultados, tratando o corpo não como uma unidade indissociável, mas, sim, como algo mecânico, do qual, por meio de exercício, deve-se tirar o máximo em economia, eficácia e organização interna. O objetivo dessa forma de poder é tornar os homens eficientes como força de trabalho, utilizando, ao máximo, suas forças, em termos de utilidade econômica, o que servia à manutenção e à expansão do sistema capitalista, e, ao mesmo tempo, diminuindo a sua capacidade de revolta e resistência, tornando-os dóceis em termos políticos.

Lado a lado com o progressivo distanciamento entre a atividade do homem como expressão de sua totalidade e o produto de sua atividade, com a manipulação do corpo no trabalho e nas instituições, com o objetivo de disciplina-lo, caminham o racionalismo e a instrumentalização, que se revelam nas relações do homem contemporâneo com sua corporalidade.

Ao longo do processo histórico da civilização ocidental, constatamos, assim, a crescente ação de um poder que atua sobre o corpo: de um lado, diminuindo suas potencialidades de empatia e comunicação e determinando-lhe formas específicas de comportar-se; de outro lado, com o avanço da ciência e da tecnologia, investindo-o, também, de um poder que abre possibilidades de aperfeiçoamento quase ilimitadas de suas habilidades, de conservação da saúde e prolongamento da vida. Esse processo tem suas raízes históricas, conforme apresentamos, na trama complexa das relações sociais que se configuraram a partir das situações concretas determinadas pela expansão do sistema capitalista, com a qual caminha, passo a passo, a concepção da natureza como um objeto de domínio e manipulação.

O corpo na sociedade industrial contemporânea

A moderna sociedade industrial caracteriza-se por um grande desenvolvimento científico e tecnológico. As realizações humanas no universo da ciência e da técnica atingiram níveis que seriam impensáveis em épocas anteriores. Como expressa Cassirer, "a ciência é o último passo no desenvolvimento espiritual do homem e pode ser considerada como a mais alta e mais característica conquista da cultura humana"[23]. No entanto, esse desenvolvimento é acompanhado pela destruição irreversível do meio ambiente e por condições sociopolíticas que não permitem, à grande parte da humanidade, a satisfação de suas necessidades mais vitais. O homem contemporâneo se vê constantemente ameaçado de inúmeras formas: pela guerra nuclear, pelos desastres ecológicos e pelos produtos químicos tóxicos que envenenam sua alimentação e o ar que respira. Podemos dizer que todas essas ameaças, que podem levar à total destruição da humanidade, são efeitos da tecnologia moderna, que é um produto da ciência moderna. Conforme Marcuse[24], a ciência não só possibilitou o domínio da natureza, como também deu as ferramentas para uma mais completa dominação — por intermédio da moderna tecnologia. Não podemos negar as inúmeras conquistas que a moderna tecnologia trouxe para o homem contemporâneo, em muitos aspectos; se constatamos, no entanto, todos os problemas que a humanidade atualmente enfrenta como consequências da tecnologia, essas conquistas deixam de ser efetivos progressos. A maioria de seus "benefícios" traz consigo a ameaça da destruição e constitui-se em melhoria da qualidade de vida apenas para uma pequena parte da humanidade. Mesmo para a minoria que pode usufruir de suas vantagens, Marcuse vê o aparato tecnológico como

---

23. Ernst Cassirer. *Antropologia filosófica*, s.a., p. 325.
24. Herbert Marcuse. *Ideologia da sociedade industrial*, 1967.

um fator, não de libertação do homem, mas de sua submissão, ao torná-lo dependente das comodidades que esse aparato tecnológico lhe proporciona. Criando novas necessidades, que vão se expandindo e se tornando dinâmicas, a tecnologia prossegue com a deterioração do meio ambiente, ameaçando cada vez mais o homem na sua integridade física e espiritual. Marcuse assinala esse caráter totalitário do aparato produtivo, enquanto determina "não apenas as oscilações, habilidades e atitudes socialmente necessárias, mas também as necessidades e aspirações individuais"[25]. As "falsas necessidades" (necessidades produzidas pela sociedade e que fogem ao controle do indivíduo), que passam a integrar a estrutura da personalidade, perdendo suas raízes históricas, garantem a permanência do trabalho alienado e geram a violência e a miséria.

Perpetuando a lógica da dominação, a tecnologia moderna legitima o poder político que torna o homem um escravo das forças produtivas.

Juntamente com os problemas de saúde física e mental, com os quais se defronta o homem contemporâneo, estão os inúmeros problemas sociais, como a fome, a violência, o uso de drogas, a superpopulação e as guerras.

A razão, que em seu cerne traz a esperança de libertar o homem, melhorando suas condições de vida e livrando-o da submissão às determinações ambientais, transformou-se, no decorrer de sua trajetória histórica, em razão instrumental, que, na sua unidimensionalidade, perdeu a visão da totalidade do homem e da vida social, gerando a ciência e a técnica alienadas, que estão na raiz das contradições do mundo moderno[26]. Para Kosik, "a

---

25. Ibid., p. 18.
26. Esse assunto foi amplamente estudado por um grupo de intelectuais marxistas não ortodoxos, que constituem a "Escola de Frankfurt", sendo seus principais representantes Horkheimer, Adorno, Marcuse, Benjamin e Habermas. Embora esses pensadores apresentem diferenças sensíveis em suas teorias, um tema trespassa a obra de todos eles — a crítica às razão iluminista, que em sua trajetória transformou-se em razão instrumental, gerando a dominação e a opressão do homem.

racionalização e o irracionalismo são encarnações da razão racionalista"[27]. Excluindo do seu âmbito, como "não racional", tudo o que não obedecia aos esquemas positivistas, a razão iluminista gerou o irracionalismo, ao esquecer que o indivíduo é um ser sensível, imerso numa realidade concreta, com a qual interage dialeticamente. A ciência e a técnica, então dissociadas de julgamento de valor, perderam seu sentido de libertar a humanidade da ignorância e do sofrimento, tornando-se, ao mesmo tempo, uma expressão da capacidade espiritual e criativa do homem e um instrumento de sua dominação e opressão. A razão instrumental, excluindo dos fins a dimensão dos valores, tornou os meios autônomos, criando um indivíduo isolado da sociedade e em si mesmo atomizado.

Enraizadas nas condições sociais, políticas e econômicas da moderna sociedade industrial capitalista, as relações com a corporalidade refletem o sentimento de inadequação, perplexidade e despersonalização do homem contemporâneo e trazem em si o irracionalismo, presente em todas as instâncias da vida humana. Por um lado, o homem moderno, com a ciência e a técnica, adquiriu um enorme poder sobre seu corpo, combatendo doenças e prolongando a vida. Os produtos da moderna tecnologia abrem ao homem inúmeras formas de locomoção e comunicação, que lhe permitem ultrapassar os limites de sua corporalidade, criando novas concepções de espaço e tempo e abrindo também novas possibilidades de realização de atividades corporais. Por outro lado, além do fato de que essas possibilidades só atingem uma minoria, o homem moderno sofre as consequências do *stress*, padecendo grande parte da humanidade de doenças psicossomáticas e de doenças causadas pela falta de movimentos. A negação do corpo pela razão iluminista trouxe consigo a perda da acuidade sensorial e a diminuição da capacidade de memória. À oposição

---

27. Karel Kosik. *op. cit.*, p. 93.

entre o mundo do corpo e o mundo dos fins racionais caminha paralelamente a eliminação da vivência subjetiva da corporalidade.

A dependência que o homem contemporâneo vive em relação a muitos produtos da moderna tecnologia lhe acentuou a pobreza de vivências em que ele participa de forma imediata, como ser corporal e motriz. A poderosa indústria dos meios de comunicação, ao mesmo tempo que traz ao homem inúmeras possibilidades de aquisição de conhecimentos e novas perspectivas, afasta-o de experiências sensíveis imediatas com o mundo que o cerca. Como diz Mounier, os moles prazeres do conforto foram progressivamente substituindo as paixões da aventura, e o bem mecânico, impessoal, distribuidor de um prazer regular, sem excesso nem perigo, o prazer da conquista. As criações de uma civilização que enveredou pelas vias da facilidade inumana fabricam cada vez mais "inércia tranquila". "Dois atletas, com a ajuda da publicidade, levam 20 mil indivíduos a sentarem-se, julgando-se desportivos"[28]. Para essa "inércia tranquila", que traz consigo pobreza de movimentos e de experiências sensoriais, coopera também a organização do espaço físico nas grandes cidades, que impede o homem de um contato maior com a natureza e reduz sua vida de movimentos a ações estereotipadas e mecanizadas em locais predeterminados. E assim, à medida que as atividades do homem procuram desligá-lo da participação corporal, ele vai perdendo sua ligação viva e afetiva com a natureza e o mundo social.

A moderna tecnologia, com a possibilidade de produção em massa e com o poderoso mecanismo de comunicação, traz consigo a padronização de gostos e hábitos — a homogeneização dos indivíduos e das consciências —, que se revela no comportamento corporal, na concepção e no tratamento do corpo. Podemos observar isso nos modismos relativos a vestir e tratar o corpo. Mesmo certas manifestações sociais, que, apesar

---

28. Emmanuel Mounier. *Manifesto a serviço do personalismo*, 1967, p. 26.

de sua irracionalidade, encerram um protesto contra as condições sociais e revelam uma exigência vital de liberdade e originalidade, como os movimentos *hippies* e *punks*, tornam-se instrumentos de um sistema complexo de propaganda, que busca dominar as consciências em benefício dos mecanismos de produção. Esse fato revela uma das contradições básicas do capitalismo: de um lado, fundamenta-se sobre um individualismo exacerbado; de outro, busca a uniformização de sentimentos, pensamentos e ações humanas.

A formalização e a instrumentalização dos movimentos corporais, que se refletem nos movimentos do dia a dia e nas técnicas de trabalho, aparecem também nos movimentos desportivos. Rigauer[29] aponta o esporte institucionalizado como constituído por padrões de movimentos e ações (técnicas e táticas) que são predominantemente orientados para o resultado e o produto. Nesse contexto, todos os movimentos que se desviam das normas desportivas são considerados como não desportivos e desvalorizados e só são permitidos quando capazes de aumentar as habilidades e as capacidades desportivas. Esse modelo de corporalidade reflete as relações políticas e econômicas da moderna sociedade industrial, orientada para a produção, na qual toda ação humana tende a ser medida e valorizada por meio dos seus resultados. Manuel Sergio, em sua obra *A prática e a Educação Física*, diz que o desporto em nível de alta competição é um fator político a serviço da publicidade ou da propaganda e tem como objetivos estabilizar e refletir "as taras da sociedade capitalista industrial: o rendimento, o recorde, a medida, a hierarquia; a competição"[30].

O capitalismo, com sua visão individualista e hierarquizada da sociedade, com sua lógica para justificar os fatos, deu origem a uma compreensão do desporto tão

---

29. Bero Rigauer. "Bewegen, Erinnern, Enfalten". In: *Sportunterricht als Koerpererfahrung*, 1983.
30. Manuel Sergio. *A prática e a Educação Física*, 1982, p. 95.

somente como atividade corpórea, mais próxima da mecanização do que da humanização, uma atividade em que se revela a visão dualista do homem em corpo e espírito.

O modelo de corpo-instrumento, voltado para a produtividade, reflete-se também na forma de a sociedade capitalista tratar seus elementos, quando, ao envelhecerem, diminui sua capacidade física de trabalho. Nesse período da vida, o indivíduo, por supostamente não poder participar de forma efetiva no processo de produção, é relegado ao ostracismo, perdendo seu sentido social ao retirar-se para a vida privada.

O valor da troca penetrou em todas as instâncias da vida humana. Nas relações pessoais, é privilegiado um sistema de trocas em que o outro perde a sua originalidade pessoal para tornar-se um meio, um portador de possibilidades para o prazer alienado, dissociado de real afeto, e para a aquisição de vantagens pessoais.

Não só o processo de produção aliena o corpo; também o faz o processo de consumo. Enquanto as sociedades tradicionais equacionavam a produção conforme as necessidades do consumo, a sociedade moderna faz exatamente o oposto, subordinando o consumo à produção. Ao inserir o objeto produzido na sociedade, o processo de produção utiliza-se da publicidade. A publicidade, conforme Da Matta[31], é o meio pelo qual o produto, produzido desumanamente no sistema de produção capitalista, pode ser inserido na rede das relações sociais para a qual se destina. Para esse objetivo, a publicidade utiliza-se, em grande parte, do corpo. Em inúmeras propagandas, os produtos aparecem associados a um corpo saudável, próximo à natureza. Em outras, o corpo aparece como um objeto sensual, onde o objetivo é ligar o produto a ser consumido com momentos de prazer erótico. Essa forma de

---

31. Roberto Da Matta. "Vendendo totens — Prefácio prazeroso para Everardo da Rocha". In: *Magia e capitalismo*, de Everardo da Rocha, 1985, pp. 7-18.

usar o corpo na publicidade parece ter implícita a intenção de fazer a associação do produto industrial com vivências de intensa participação corporal, de criatividade e liberdade, aspectos que estão distantes das reais vivências de corporalidade que participaram de sua produção. Procurando captar o que significa esse uso excessivo do corpo saudável e do corpo erotizado, para fins publicitários, podemos supor que esse fenômeno oculta em sua manifestação uma carência, do homem contemporâneo, de vivências em que ele participe como unidade existencial de corpo e espírito numa relação próxima com o mundo da natureza. É uma tentativa de "humanizar" a produção, relacionando-a com um corpo vivo e participante, que se pretende distante da dicotomização corpo-espírito inerente ao sistema de produção capitalista. Dessa forma, a publicidade, ao mesmo tempo que permite a expansão desse sistema de produção, incentivando o consumo, consagra sua permanência, criando o mito de uma sociedade humana.

A utilização do corpo no sistema publicitário insere-se numa tendência mais ampla da sociedade contemporânea atual: a preocupação excessiva com o corpo[32]. Por todo lado, proliferam academias de ginástica, musculação, dança, ioga... Surgem também psicoterapias centradas no corpo como a bioenergética, a psicodança, a expressão corporal, a antiginástica... Multiplica-se a literatura a respeito da saúde fisiológica, da sexualidade e da beleza estética do corpo. Parece que o corpo, tanto tempo submetido ao controle de um racionalismo dominante, agora se rebela e se transforma no foco das atenções. A rebelião que está na raiz desses movimentos e que encerra a busca de uma unidade pelo homem parece ter sido também usada para perpetuar a visão dicotômica de corpo e espírito implícita no racionalismo e no tecnicismo da sociedade industrial

---

32. Wanderley Codo e Wilson A. Senne, na obra intitulada *Corpo (latria)*, 1986, realizam uma análise do fenômeno de culto ao corpo na vida contemporânea, pretendendo resgatar suas raízes históricas nas relações de produção do sistema capitalista.

contemporânea. A valorização excessiva do corpo, que caracteriza muitos desses movimentos, ao mesmo tempo que oculta em seu cerne uma exigência vital do homem contemporâneo, revela uma intenção manipulativa, reduzindo o corpo a uma materialidade desvinculada da subjetividade que o anima. Desligado da espiritualidade, o corpo torna-se independente, acentuando-se a dissociação entre razão e afetividade, entre afetividade e sexualidade, entre individualidade e alteridade. O trabalho mecanizado, valorizando o corpo apenas como força fisiológica, quantificada no modo de produção capitalista, gerou um corpo autônomo — uma máquina a serviço da produção. Produzindo o seu aparecer como mercadoria para o consumo, para o prazer e a fantasia alienada, a sociedade atual reduz a sexualidade a um conjunto de atos que busca um prazer individualista, desprovido de um verdadeiro envolvimento afetivo com o Outro. O corpo é, assim, solicitado a substituir um real encontro com o Outro, e o relacionamento humano, em lugar de expressão da totalidade humana, assume a forma de relações entre mercadorias. Dessa forma, as relações do homem contemporâneo com a sua corporalidade, ao mesmo tempo que são uma consequência histórica da concepção dualista de corpo e espírito, tendem a perpetuar essa dicotomia.

O controle do corpo na escola

A escola é uma instituição social e, como tal, se encontra numa relação dialética com a sociedade em que se insere. Ao mesmo tempo que reproduz as estruturas de dominação existentes na sociedade, constitui-se em um espaço onde se pode lutar pelas transformações sociais. As práticas escolares trazem a marca da cultura e do sistema dominante, que nelas imprimem as relações sociais que caracterizam a moderna sociedade capitalista. Pensamos, no entanto, que não se trata de uma mera reprodução, como pretendem as teorias da reprodução, pois, por intermédio da mediação dos sujeitos, no movimento dialético entre a subjetividade e as condições objetivas, as relações de domínio e controle se efetivam, assumindo características específicas.

A forma de a escola controlar e disciplinar o corpo está ligada aos mecanismo das estruturas do poder, resultantes do processo histórico da civilização ocidental. As práticas escolares, segundo Rumpf[33], tendem a perpetuar a forma de internalização das relações do homem com o mundo, que consiste na supervalorização das operações cognitivas e no progressivo distanciamento da experiência sensorial direta. Para esse autor, a escola, nos últimos 150 anos de processo civilizatório, pretende não somente disciplinar o corpo e, com ele, os sentimentos, as ideias e as lembranças a ele associadas, mas também anulá-lo.

Foucault[34], em seus estudos históricos, relata como se efetivava o poder disciplinar sobre o corpo nas escolas dos séculos XVIII e XIX. As escolas eram, então, como fábricas, que produziam disposições para ações racionais voluntárias, ao mesmo tempo que procuravam eliminar dos corpos movimentos involuntários. A rigorosa minúcia com que eram estipulados os regulamentos para o comportamento corporal dos alunos, para sua distribuição no espaço e para a divisão do tempo escolar, revela um poder disciplinar que objetivava controlar as erupções afetivas que poderiam surgir do corpo com seus movimentos espontâneos e suas forças heterogêneas. Com isso, os movimentos corporais tornavam-se dissociados das emoções momentâneas, perpetuando-se o controle e a manipulação.

Na obra *O omitido mundo das sensações* (*Die uebergangene Sinnlichkeit*), Rumpf[35] analisa as formas atuais de controle do corpo: nos regulamentos da escola, no conteúdo das disciplinas, nos livros didáticos e nos discursos e hábitos metodológicos do professor. Ele mostra como os regulamentos, na escola, têm como

---

33. Horst Rumpf. *Die uebergangene Sinnlichkeit*, 1981.
34. Michel Foucault. *Microfísica do poder*, 1986, *Vigiar e punir*, 1987.
35. Horst Rumpf. *op. cit.*

objetivo eliminar do corpo movimentos involuntários e participação espontânea, permitindo somente a realização de ações voluntárias, com objetivos racionais definidos, regidas pelas normas sociais. Observa-se esse controle, por exemplo, na distribuição espacial dos alunos na sala de aula e na organização do tempo escolar. Observa-se, também, na postura corporal de alunos e professores, cujos movimentos refletem a repressão de sentimentos momentâneos e procuram não revelar nada de pessoal e subjetivo.

O discurso do professor, como observa Rumpf[36], em geral impessoal, livre de qualquer tonalidade emocional, com o objetivo de estabelecer um limite entre a racionalidade oficial, de um lado, e a experiência pessoal, carregada de sentimentos, ideias e lembranças, de outro.

A aprendizagem de conteúdos é uma aprendizagem sem corpo, e não somente pela exigência de o aluno ficar sem movimentar-se, mas, sobretudo, pelas características dos conteúdos e dos métodos de ensino, que o colocam em um mundo diferente daquele no qual ele vive e pensa com seu corpo.

O conhecimento do mundo é feito de forma fragmentada, abstrata, distribuído em diferentes disciplinas, limitadas a um horário prefixado e restrito. A quantificação e a mensuração são os instrumentos mais adequados para conhecer o mundo. O próprio aluno torna-se objeto de mensurações quantitativas, na avaliação de uma aprendizagem que privilegia, sobretudo, as operações cognitivas.

Borneman[37], em seu artigo "Aprendizagem inimiga do corpo" (*Leibfeindliches Lernen*), observa que, na maior parte das vezes, a aprendizagem na escola não se dá como elaboração de experiências sensoriais, mas, sim, como um acumular de conhecimentos abstratos, que são aprendidos por meio de palavras, fotografias, números e

---

36. *Ibid.*
37. Ernest Borneman. *Leibfeindiliches Lernen.* 1981.

fórmulas, com pouca participação do corpo, originando uma cinética reprimida e frustrada. Esse autor examina, há 20 anos, o material escrito pelos alunos nas paredes e nas classes da escola e observou que, nos últimos oito anos, aumentou o número de escritos cheios de ódio e impregnados de angústias sexuais. Ele conclui que a agressividade e a violência crescente com que se confronta a escola têm a ver com a didática alienada, a aprendizagem abstrata, desligada da experiência dos sentidos, e as absurdas exigências da memória.

O conhecimento do mundo, feito de forma abstrata, por meio de discursos teóricos e fórmulas matemáticas, sem envolver a participação afetiva do aluno, leva-o a uma indiferença em relação à natureza. Esse aspecto torna-se mais grave, quando constatamos que, lado a lado com o distanciamento da natureza, caminha a destruição do meio ambiente.

Outra característica da escola, abordada criticamente por Rumpf[38], é que ela privilegia o futuro em detrimento do presente. Todo o ensino caracteriza-se por constituir-se numa preparação para o futuro, esquecendo o momento existencial presente que a criança vive. De maneira geral, a criança é levada a crer que, durante o período escolar, ela deve procurar construir uma base sólida de operações cognitivas, que a possibilitará produzir o seu futuro invisível. Em função desse futuro abstrato, a criança aprende a postergar inúmeros interesses momentâneos e ligados às suas experiências concretas. Dessa forma, a escola reflete, ao mesmo tempo que perpetua, a forma de alienação do homem moderno que Kosik chama de "viver no futuro". Para esse autor, o homem moderno não vive o presente, mas, sim, o futuro, e "negando aquilo que existe e antecipando aquilo que não existe, reduz sua vida à nulidade, vale dizer à inautenticidade"[39].

---

38. Horst Rumpf. *op. cit.*
39. Karel Kosik. *op. cit.*, p. 68.

Na escola, constatamos, assim, as características do processo civilizatório de formalizar as ações humanas, dissociando-as da participação corporal, de privilegiar as operações cognitivas abstratas, desvinculando-as de experiências sensoriais concretas, e de esquecer o sentido existencial do presente em função de um futuro abstrato.

Na maioria das vezes, as aulas de Educação Física não fogem às características gerais das outras disciplinas, em relação ao controle do corpo. Não se constituem, em geral, como se deveria esperar, em momentos de autênticas experiências de movimento, que expressam a totalidade do ser humano, mas, sim, desenrolam-se com o objetivo primordial de disciplinar o corpo. Esse objetivo é alcançado pela realização de movimentos mecânicos, repetitivos, isolados, sem sentido para o aluno, dissociados de afetos e lembranças, presos a padrões e transmitidos por comando pelo professor. O tempo e o espaço são predeterminados e fixados pelo professor, bem como as ações motoras a serem realizadas. Essas, em geral, são guiadas por um plano, elaborado unicamente pelo professor, distante das experiências de movimentos livres que o aluno tem fora da escola. Essas experiências de movimento, realizadas em contato com diferentes espaços e materiais e em interação com outras crianças, e que se constituem em uma abertura para o conhecimento do mundo de uma forma total, transformam-se, nas aulas de Educação Física, em normas motoras que devem ser cumpridas. Não permitindo que os alunos formem os seus próprios significados de movimentos, as aulas de Educação Física conduzem-nos à passividade e à submissão, desencorajando a criatividade.

A valorização excessiva do rendimento absorve o professor com medidas e avaliações e privilegia aqueles alunos que possuem melhores aptidões desportivas, incentivando a competição e a formação de elites. Impondo a produtividade como objetivo prioritário, a Educação Física torna-se um veículo de transmissão ideológica do sistema dominante.

Essas características revelam-se de forma mais aguda na prática do desporto escolar. Essa, em vez de se constituir em um fator pedagógico visando à "libertação integral do homem e à recuperação de sua dignidade", reflete, muitas vezes, as consequências da sociedade de rendimento. De maneira geral, como afirma Manuel Sergio, o desporto escolar "marginaliza os menos dotados e distingue os superdotados; circunscreve ao treino, isto é, à preparação para a competição, todo o trabalho pedagógico; preconiza um controle estatal em que ao aluno não é permitido o exercício da criatividade"[40].

A busca do desenvolvimento de capacidades físicas e habilidades motoras, de forma unilateral, utilizando unicamente critérios de desempenho e produtividade, ignorando a globalidade do homem, gera uma Educação Física alienada, que ajuda a acentuar a visão dicotômica de corpo e espírito do homem contemporâneo.

---

40. Manuel Sergio. *op. cit.*, p. 96.

2
A PROBLEMÁTICA DO HOMEM E SUA CORPOREIDADE NO PENSAMENTO FILOSÓFICO

No capítulo anterior, apresentamos reflexões sobre a problemática do homem moderno e de sua corporeidade na sociedade industrial contemporânea, buscando também desvelar suas raízes históricas. As perspectivas segundo as quais visualizamos a realidade e procuramos interpretar o mundo encontram seu fundamento naquilo que pensamos que seja o homem e naquilo que acreditamos que seja o sentido da existência humana. Toda a apreciação crítica da realidade humana supõe uma forma de ver e interpretar o mundo, isto é, encerra em si pressupostos filosóficos. Esses pressupostos configuraram-se dinamicamente ao longo de nossa existência, por meio das nossas experiências como ser-no-mundo — nas quais se incluem também as reflexões que realizamos a partir da leitura de filósofos — e não se encontram nunca acabados, mas, sim, em constante reelaboração.

A problemática do homem sempre foi alvo do pensamento de filósofos de diferentes épocas, e suas reflexões auxiliam-nos a compreender nós mesmos e nosso mundo. Escolhemos, como fonte mais importante de inspiração e apoio para nossas reflexões, o pensamento de Marx e Merleau-Ponty. O pensamento desses filósofos insere-se na totalidade dialética do pensamento filosófico; por isso, achamos importante, antes de apresentar suas ideias, oferecer uma visão geral da evolução histórica do pensamento filosófico ocidental, para poder, assim, melhor compreendê-los.

O homem e sua corporeidade na História da Filosofia

Neste tópico, não pretendemos realizar um relato histórico minucioso da problemática do homem e da sua corporalidade no pensamento filosófico ocidental, mas apenas acenar para o sentido de sua evolução, por intermédio do pensamento de filósofos de diferentes épocas.

Essa problemática, em geral, não foi suficientemente pensada pelos filósofos até o século passado. Antes dessa época, seria mesmo impensável uma ontologia do corpo como encontramos, na época contemporânea, em Merleau-Ponty. A afirmação torna-se compreensível, se constatamos que a história da metafísica ocidental, de Platão a Hegel, gênese e fim do seu ciclo, caracterizou-se por um distanciamento de tudo o que é finito e mutável[1]. Essa tendência permeou o pensamento filosófico em todas as suas instâncias.

Surgindo da tradição platônico-aristotélica, a metafísica fez do Ser o seu objeto fundamental. O pensamento sobre o ser, considerado como Ideia, realidade transcendente, imutável e eterna, excluiu como não ser o concreto, o transitório e o finito. Assim, natureza, coisas, homens e produtos de sua atividade nunca

---

1. Para estas reflexões sobre a evolução geral do pensamento metafísico, apoiamo-nos, essencialmente, na obra *Dialética, teoria e práxis* de Gerd Bornheim, 1983. Nessa obra, Bornheim analisa a dimensão metafísica da dialética, procurando compreender seu fundamento desde a sua gênese.

eram pensados em sua concretude, mas, sim, como participantes de uma realidade transcendente. Dentro dessa perspectiva, muitas dimensões do real não foram suficientemente pensadas ou foram mesmo esquecidas. Entre essas, Bornheim cita "a vida, a história, a existência humana, o corpo, a palavra e o irracional", enfim "os planos da realidade mais marcadamente presos na finitude"[2]. Somente ao longo da história do pensamento ocidental é que a problematização do homem ganhou seu sentido autêntico.

Dentro da visão transcendente, que envolveu o pensamento metafísico ao longo de sua evolução, a problemática da corporeidade reduziu-se essencialmente à união entre o corpo e a alma e à relação entre o sensível e o inteligível. A atividade sensível do homem foi considerada apenas em relação à problemática do conhecimento, consistindo forma inferior deste, segundo uma tradição de pensamento que privilegiava, sobretudo, o pensamento abstrato. As temáticas relacionadas à corporeidade eram, assim, enfocadas dentro de sistemas filosóficos coerentemente construídos, nos quais a ideia de ser e a transcendência tinham a primazia. Desse modo, nesse tipo de pensamento, que privilegiou o *logos* em detrimento da *physis*[3], a problemática do homem e sua corporalidade foi pensada, até o período de crise da metafísica, em um plano ideal, transcendente, distante da realidade concreta em que o homem vive com seu corpo.

Na história do pensamento filosófico, a problemática do homem e do seu mundo oscilou sempre entre dois polos: o corpo e a alma, o conhecimento sensível e o conhecimento inteligível, o mundo da matéria e o mundo do espírito, a vida terrena e a vida ultraterrena.

A cisão entre esses mundos surgiu quando o pensamento filosófico, na Antiguidade Grega, atingiu sua maturidade, isto é, quando o homem deixou de

---
2. Gerd Bornhein. *op. cit.*, p. 27.
3. *Ibid.*, p. 26.

preocupar-se primordialmente com o universo físico para problematizar sua própria realidade.

Com Sócrates (século V a.C.), o homem com suas qualidades, seus anseios, seus valores e suas crenças tornou-se alvo de questionamentos filosóficos. Sócrates proclama a razão do homem, para transcender às condições exteriores e encontrar o verdadeiro sentido das coisas, orientando sua ação moral.

Platão (séculos V e IV a.C.), na trilha de Pitágoras e, sobretudo, de Parmênides[4], instaura no pensamento filosófico uma profunda ruptura entre o mundo sensível e o mundo inteligível. De um lado, o mundo concreto, finito e transitório; de outro, o mundo ideal, eterno e imutável. O mundo concreto torna-se mera aparência, cópia imperfeita do mundo inteligível. Os acontecimentos humanos perdem sua consistência de ser, pois tornam-se puro vir-a-ser, aspirando a realizar a perfeição das ideias, paradigmas para os quais tenderia toda a cultura humana[5].

A sua ideia de natureza humana carrega em si a cisão desses dois mundos, separando o corpo da alma. O corpo, com suas inclinações e paixões, contamina a pureza da alma racional, impedindo-a de contemplar as ideias perfeitas e eternas[6]. O corpo torna-se, assim, a prisão da alma, um obstáculo à realização do ideal de Bem e Verdade a que ela aspira[7]. Em seus últimos escritos, entretanto, Platão já não atribui um papel tão

---

4. A teoria de Pitágoras de que "a alma é imortal por sua relação com as coisas divinas, às quais se assemelha por seu eterno movimento" terá repercussões em Platão. Do mesmo modo, a teoria de Parmênides de que a mente conduz ao ente "uno, imóvel e eterno" e a sensação, às coisas múltiplas e transitórias,"perecedoras e corruptíveis como o corpo" (Julian Marias. *O tema do homem*, 1975, pp. 23 e 24).
5. Em Filebo, Platão afirma que "a ideia é a causa final da aparência" (Wilhelm Windelband. *Historia de la Filosofía*, 1941, p. 246).
6. Na *República*, Platão deixa entrever uma suspeita em relação à própria pureza da alma racional, admitindo que o homem possa ser "arrastado pela força dos seus desejos, a despeito de sua razão" (Platão. *A república* (439e), 1965, p. 229).
7. Platão. *Fédon* (66a), 1987, p. 67.

negativo ao corpo, admitindo que o exercício possa ser benéfico para a alma, proporcionando o equilíbrio entre seus elementos, o corajoso e o filosófico[8].

Em Aristóteles (século IV a.c.), os objetos concretos e os conceitos universais não constituem mundos separados como no pensamento platônico, mas, sim, uma "continuidade ininterrupta"[9]. A forma, a ideia universal, não constitui um mundo à parte, mas está presente nos seres concretos, em estreita união com a matéria. Na constituição da natureza humana, a alma está presente como a forma, e o corpo, como a matéria. A alma é a forma do corpo, a causa final de sua conformação orgânica e o princípio do seu movimento, constituindo-se em sua força diretriz e motora[10].

Aristóteles reconhece o papel do corpo e dos sentidos no conhecimento, e o corpo não é considerado, como em Platão, o cárcere da alma. Não obstante, para ele, o homem é sobretudo um ser pensante e político, que deve dirigir sua vida pela razão. A educação moral é o objetivo prioritário de seu plano educativo. A educação dos impulsos pelo exercício é importante para a aquisição de virtudes, cuja formação é assegurada quando as disposições naturais orientam-se em direção ao Bem, isto é, tornam-se um hábito, constituindo uma segunda natureza.

Vendo o homem como um ser essencialmente contemplativo, Aristóteles, do mesmo modo que Platão, manifesta um grande menosprezo pelo trabalho, principalmente pelo trabalho físico, que envolve o homem em sua corporalidade, por ser atividade ligada à matéria e pelo seu aspecto servil, constituindo-se em uma negação da própria natureza humana[11].

---

8. Platão. *A república* (411b-412a), 1965, p. 187.
9. Ernst Cassirer. s.a., p. 17.
10. Wilhelm Windelband. *op. cit.*, p. 279.
11. Vasquez realiza um esboço histórico da consciência filosófica da práxis, mostrando como, em Platão e Aristóteles, havia um profundo desprezo pela práxis material produtiva e aponta suas causas materiais históricas (Adolfo Sánchez Vasquez. *Filosofia da práxis*, 1977, p. 15).

O caráter eminentemente metafísico do pensamento da Antiguidade Grega, que vê na forma a verdadeira realidade das coisas e na busca de verdades universais e eternas[12] a única meta do conhecimento, não possibilitou pensar as relações do homem com seu corpo em sua concreticidade.

O cristianismo subverteu o mundo da civilização grega, na medida em que trouxe uma visão inteiramente nova do homem e do universo. Na Antiguidade Grega, o homem ainda era visto como pertencente ao universo físico, dentro da imanência do mundo terrestre. As inúmeras concepções antropológicas que surgiram na Idade Média, dentro da diversidade, tinham uma característica comum, oriunda de sua raiz cristã: conceber a vida humana numa perspectiva transcendente. Por meio do dogma da criação, homem e mundo passam a ser vistos como criação de Deus, com uma história e um destino que transcendem a vida terrena. À visão de mundo grega, na qual predominava o racionalismo, contrapôs-se uma visão dramática, em que o homem é visto como possuindo não somente razão, mas sentimentos e emoções. Visto fora do vínculo da hierarquia social de cidadão livre ou escravo, o homem surge como pessoa, portador de livre-arbítrio para realizar seu destino, segundo um código moral revelado por Deus, e possuidor de um valor incondicional.

Santo Agostinho (séculos IV e V) situa-se na passagem do mundo greco-romano para a Idade Média, tendo seu pensamento sofrido uma influência muito grande de Platão. Na natureza humana, Santo Agostinho vê um dualismo, considerando o homem "uma mescla destas duas substâncias: a da alma e a do corpo"[13]. A alma tem o primado sobre o corpo, tendo funções ativas em relação a este: "Atenta a tudo o que se passa ao redor, nada deixa

---

12. Windelband, mostrando o caráter platônico do pensamento aristotélico, assinala que, como causas finais do acontecer mundano, as ideias seguem em Aristóteles representando um mundo independente do mundo das aparências (Wilhelm Windelband. *op. cit.*, p. 246).

13. Wilhelm Windelband. *op. cit.*, p. 108.

escapar a sua ação"[14]. O homem conhece pelo poder de sua razão; mas é racional, porque participante da luz divina — a iluminação divina é o fundamento e a possibilidade da verdade e estende-se não somente à problemática do conhecimento, mas a toda a atividade humana. Na intimidade da alma, na sua interioridade, é que o homem encontra a verdade[15]. Com Santo Agostinho surge, assim, no pensamento filosófico, a ideia de alma como interioridade. No pensamento grego, não havia a ideia de um Eu que unifica e regula o pensar, o sentir e o agir humanos. Isso é compreensível, porque o grego era eminentemente um ser social, voltado para fora, que empregava toda sua atividade na organização da pólis. A ideia de alma, para o grego e o latino, significava algo exterior, que explicava o movimento e a mudança. O cristão buscava o encontro com o Deus transcendente, e isso somente seria possível na solidão da alma. Com a ideia de interioridade, de autoconsciência, Santo Agostinho lança os germes do interesse filosófico moderno pela subjetividade.[16]

Não obstante a ideia cristã de criação e o dogma de que o Filho de Deus se fez carne, o pensamento de Santo Agostinho deixa sempre entrever um menosprezo pelo corpóreo, pelas coisas materiais e terrenas. Por outro lado, sua concepção de alma, como um Eu que pensa, sente e age, abre a perspectiva para uma nova compreensão da corporalidade — um corpo penetrado pela alma, que não só anima o corpo, mas o torna sensível ao mundo exterior conforme sua interioridade.

São Tomás de Aquino (século XIII), inspirado em Aristóteles, supera a cisão platônica entre o mundo sensível e o mundo inteligível de Santo Agostinho, na

---

14. José Américo Motta Pessanha. *Santo Agostinho, vida e obra.* 1987, p. XIV.
15. Gerd Bornheim. *Metafísica e finitude.* 1972, p. 17.
16. Ortega y Gasset diz que Santo Agostinho foi o primeiro pensador a ver a consciência como intimidade e, "como Descartes, no fundo dessa intimidade encontra Deus". Segundo esse autor, não se constatou que Descartes conhecesse a obra de Santo Agostinho. Entretanto, a ideia de consciência já aflora neste autor e vai amadurecendo durante o período da Idade Média, até tornar-se, com Descartes, a ideia que caracteriza essencialmente a modernidade (José Ortega y Gasset. *Que é filosofia?*, 1984, pp. 23-192).

medida em que vê uma evolução gradual e ininterrupta dos seres até o Ser Supremo. A alma humana, nessa evolução, que vai das formas inerentes à matéria às formas puras, seria a mais ínfima das inteligências puras e, ao mesmo tempo, como enteléquia do corpo, a suprema das formas que se realizam na matéria[17]. São Tomás une, desse modo, o mundo do espírito e o mundo do corpo.

O homem, para São Tomás, é uma unidade substancial de alma e corpo. É o homem que, como unidade, possui dois princípios: o corpo e a alma. Temos, em São Tomás, a afirmação mais veemente da união corpo e alma, estando o corpo presente na própria constituição da pessoa. A alma, como forma do corpo, seria ao mesmo tempo entendimento, isto é, possuiria uma "faculdade e operação na qual não participa de modo algum a matéria corporal"[18] e também força vital fisiológica, princípio da energia e movimento do corpo.

Salvaguardando a unidade do homem, São Tomás afirma que o princípio intelectivo é a única forma do corpo, decorrendo dele não somente a faculdade do entendimento peculiar ao homem, como também as faculdades sensitivas e vegetativas, cujas operações são realizadas por órgãos do corpo[19].

A aproximação do corpo e da alma, como é pensada dentro de uma visão cristã, seria impensável na Antiguidade Grega, pois, nessa época, não havia o conceito de um mundo criado por Deus, nem de um ser pessoal com um destino transcendente. A alma humana, para Aristóteles, não é o princípio da intimidade, mas "princípio cósmico da vitalidade corporal, do movimento e da mudança"[20]. Como forma do corpo, ela sub-

---

17. São Tomás de Aquino trata da questão da relação da alma com o corpo nas questões nos 75 e 76 da *Suma teológica* e nos capítulos 90 a 93 do *Compêndio de Teologia.*
18. São Tomás de Aquino. "El alma intelectiva, forma del cuerpo". *Suma teológica I*, questão 76, a.1. In: *Textos de los grandes filósofos — Edad Media*, de Canals Vidal, 1985, p. 143.
19. São Tomás de Aquino. *Compêndio de teologia*, capítulo 91. In: *Santo Tomás*, 1988, p. 95.
20. José Ortega y Gasset. *op. cit.* p. 129.

sistiria ao corpo somente como intelecto agente, que seria a parte da alma comum a todos os homens. Para São Tomás, o intelecto agente é a atividade de uma razão pessoal, que revela a dimensão inteligível dos seres sensíveis. A ideia da relação da alma com o corpo e da existência de uma inteligência universal, como se encontra no pensamento aristotélico, está em consonância com o pensamento cristão. Para São Tomás, no entanto, à luz da fé cristã, a alma é a alma de uma pessoa que é livre, e que, além do mais, possui um destino sobrenatural, do qual participa também a corporeidade.

Em relação ao trabalho físico, embora o cristianismo tenha trazido uma visão enobrecedora do trabalho humano, encontra-se, nos pensadores cristãos, inclusive em São Tomás de Aquino, uma valorização maior da contemplação em detrimento da ação. Por outro lado, na *Suma Teológica* (Questões 179-182), São Tomás reconhece o quanto é penoso o trabalho, devido à esterilidade da terra, à ansiedade do homem e às *impedimenta* da vida[21]. A maior valorização do trabalho, advinda do cristianismo, não impediu que, na prática social, prevalecesse a exploração do trabalho físico, que ficava relegado a escravos e a pessoas de baixa condição social.

Não obstante a ideia de carne, na Idade Média, estar sempre associada à ideia de pecado, e prevalecer o costume de mortificar o corpo para purificar a alma, a crença cristã, a respeito da criação do mundo, não permitiu aos pensadores cristãos considerarem o corpo indigno. Do mesmo modo, o dogma cristão da ressurreição confere ao corpo a dignidade de participar da espiritualidade, pois, segundo ele, o próprio corpo se transfigura, tornando-se participante da natureza imortal do homem. Para os pensadores da Idade Média, entretanto, a verdadeira essência do homem é a sua alma. O homem deveria desligar-se de tudo que o prendesse a sua existência terrestre, elevar-se acima das necessidades mundanas e das inclinações do corpo e aspirar à realiza-

---

21. Pierre Jaccard. *História social do trabalho*, 1974, p. 164.

ção de sua verdadeira essência espiritual e ultraterrena. A natureza humana, na Idade Média, como na Antiguidade Grega, era pensada de forma idealizada; constituía-se num modelo, que todos os homens deveriam procurar realizar em sua existência, não refletindo, assim, a verdadeira realidade concreta do homem.

Durante o Renascimento (séculos XV e XVI), a problemática do homem foi pensada sob a influência dos filósofos medievais e da reinterpretação dos pensadores da Antiguidade Grega. Nesse período, iniciam-se novos tempos, que se caracterizam pela multiplicidade de novas iniciativas, em todos os âmbitos da ação humana. Nas artes plásticas, há uma celebração do corpo, que se revela na busca de perfeição das formas corporais, orientada por um ideal de racionalidade, de beleza e de proporção, que traduz uma busca do homem universal. Por outro lado, surge a perspectiva, o que revela que as coisas são vistas do ponto de vista do homem. Há uma valorização do indivíduo como tal: surgiram as pinturas que retratavam pessoas como Lutero, Henrique VIII etc., e, na literatura, as autobiografias.

Nos pensadores do Renascimento, o trabalho físico recupera o valor e a dignidade que lhe eram atribuídos nos textos bíblicos, cabendo o mérito, em grande parte, ao pensamento reformista de Lutero. Giordano Bruno e Campanella enaltecem o trabalho e o trabalhador. Assim, o pensamento renascentista colabora veementemente para uma libertação dos conceitos platônicos. O homem não é considerado somente um ente de razão, mas também um ente de vontade — possui uma vontade que, iluminada pela razão, permite-lhe dominar e modificar a natureza[22]. O trabalho físico já não é visto como aviltante à natureza humana, mas, por outro lado, sua dignidade não reside nele mesmo: reduz-se ao fato de que torna possível a

---

22. Esse pensamento reflete os interesses econômicos da burguesia e do modo de produção capitalista incipientes, que, para o progresso econômico, necessitavam da transformação prático-material do mundo e do progresso da ciência e da técnica, que, por sua vez, eram condicionados por essa transformação (Adolfo Sánchez Vasquez. *op. cit.*, pp. 25-26.)

atividade propriamente humana que, para os pensadores dessa época, ainda é a contemplação. Assim, a práxis produtiva, ainda que valorizada e enaltecida por esses pensadores, é relegada a um plano inferior.

O humanismo renascentista, que encerra uma afirmação do homem em todos os setores da vida humana e uma exigência de autonomia do pensamento, é perpassado por uma nova forma de olhar o mundo — o mundo como passível de ser transformado pelo homem[23]. Independentizando o pensamento dos conhecimentos religiosos e da revelação, o homem busca um novo instrumento que lhe possibilite interpretar e dominar a natureza: um método empírico e leigo que lhe permita conhecer a realidade tal como ela é.

Bacon (séculos XVI e XVII), pensador do início da época moderna, foi o precursor da corrente empirista (Locke, Hume e Hobbes), cujo principal mérito está em abrir novas perspectivas para o conhecimento científico, a partir da observação da natureza, e para a compreensão do homem e da realidade humana, a partir das condições reais e concretas da vida individual e social. Com Bacon, há uma valorização da intuição sensível, como um instrumento, juntamente com a razão, de conhecimento do mundo e domínio da natureza. Assim, na ciência e na técnica, corporeidade e espírito unem-se para dominar a natureza. Sendo o trabalho e a experiência realidades tão próximas, o pensamento empirista reforçou a valorização do trabalho, participando tam-

---

23. Questionando-se sobre o ponto de partida do agir humano nos diferentes períodos da história humana, Nitschke analisa os movimentos das pessoas nas pinturas das diferentes épocas, procurando tirar conclusões sobre as respectivas forças atuantes. Enquanto, na Idade Média, a postura corporal das pessoas na pintura mostrava a atuação de uma força sobrenatural que procurava modificar o homem, mesmo contra sua natureza, obrigando-o a assumir determinados gestos e a realizar determinadas ações, no Renascimento, quando surge pela primeira vez a pintura de indivíduos como Lutero, Erasmo e Henrique VIII, percebe-se a atuação de uma força que vem do interior do homem, voltada para modificar o ambiente. As figuras humanas pintadas nessa época podem demonstrar energia e poder, fraqueza ou esmorecimento, mas revelam sempre uma força dirigida para o ambiente (August Nitschke. *Der Ausgangspunkt menschlicher Acktivitaet*. 1976, pp. 67-87).

bém dessa valorização o homem como ser sensível e corpóreo. A reabilitação do trabalho difere da ocorrida no pensamento da Reforma, pois o centro de interesse do pensamento moderno é a atividade humana em si mesma e não vista em função de um fim religioso. Por outro lado, a corrente empirista acentua a dissociação entre corpo e alma, que se tornam objetos de diferentes ciências. O homem, para Hobbes, na realidade, "é somente um corpo, um *quantum* de pressão e de impulso, um paralelogramo de forças dos estímulos sensoriais e de suas relações mecânicas[24]. A alma perde seu conceito como força vital que dá vida e movimento ao corpo, e o corpo torna-se uma máquina que age em função de estímulos externos. No pensamento empirista, estão as raízes da atual Filosofia Analítica do Espírito, que, negando a possibilidade de um conhecimento metafísico, instaura o realismo científico — para o qual as questões ontológicas são questões que devem ser respondidas segundo o ponto de vista das ciências empíricas —, reduzindo os fenômenos mentais a fenômenos físicos[25].

Locke (século XVII), representante do empirismo inglês, reduz o corpo a ser um instrumento do espírito: como tal, deve ser mantido forte e saudável para que possa executar suas ordens. O fim da Educação Física seria, assim, propiciar, por meio da conservação da saúde e do desenvolvimento de destrezas corporais, a formação do caráter e da moralidade[26].

A corrente racionalista, representada principalmente por Descartes (séculos XVI e XVII), vê na razão matemática o "elo entre o homem e o universo"[27]. Descartes encerra o homem no cogito e cava um profundo abismo entre o mundo material e o mundo espiritual, constituindo espírito e matéria dois princípios distintos e irreconciliáveis. A ideia de uma união do corpo e da

---

24. Johannes Hirschberger. *Breve historia de la filosofia*, 1968, p. 68, pp. 185-186.
25. Veja a obra organizada por Peter Biere: *Analitische Philosophie des Geistes*, 1981.
26. Juan Manuel Moreno. *Historia de la educación*, 1971, p. 278.
27. Ernst Cassirer. *op. cit.*, p. 37.

alma não é, para Descartes, uma ideia clara e distinta, que se apresenta ao espírito com evidência, o que o leva a negar-lhe veracidade[28]. Para ele, é "somente ao espírito e não ao composto de espírito e corpo, que compete conhecer a verdade das coisas"[29].

Colocando na mente o centro e o suporte de toda a realidade, Descartes, por um lado, abre uma nova perspectiva no pensamento filosófico, que inaugura realmente a modernidade — a descoberta da subjetividade, da consciência, do Eu[30]. Por outro lado, Descartes encerra o Eu na imanência do cogito — o Eu de Descartes é somente um Eu pensante. Excluindo do Eu o sentir e o agir, ele fragmenta o homem, dividindo-o em dois princípios distintos e irredutíveis: o corpo e a alma. Em São Tomás, a alma, como princípio coconstituinte da unidade substancial — o homem — não era somente pensamento, mas também sentimento e ação. O Eu de Descartes é um Eu fragmentado em si mesmo e isolado do mundo. A vivência da corporalidade é substituída pela sua representação na mente, e os objetos do mundo exterior transformam-se em meros dados da consciência. Como consequência da separação cartesiana do corpo e da alma, os fatos psíquicos e fisiológicos começaram a ser estudados separadamente, permanecendo, até hoje, objeto de ciências distintas. Essa separação se faz sentir na Educação Física até os nossos dias, tanto na sua prática pedagógica como nas ciências que a embasam. Estas últimas se constituem em campos estanques, que não se intercomunicam; cada uma trata do corpo sob sua perspectiva, como se esta fosse absoluta, ignorando a globalidade do homem.

O pensamento iluminista do século XVIII, que herdou do cartesianismo a ideia de autonomia de pensamento frente ao jugo da tradição religiosa e da autoridade, caracteriza-se por uma fé enorme na razão, que a todos os domínios da realidade estendia seu poder crítico. As condições sociais e políticas foram pensadas

---

28. René Descartes. *Cartas a Elizabeth*, Vol. II, 1987.
29. René Descartes. *Meditações*, 1987, p. 69.
30. José Ortega y Gasset. *op. cit.*, pp. 113-156.

e contestadas, lançando-se muitos pensadores contra a injustiça e pelo bem-estar do povo. Ao poder da razão, que pretendia libertar-se de superstições e preconceitos e voltava-se para a observação dos fatos concretos, descortinava-se toda a realidade do homem e da natureza, que parecia oferecer possibilidades infinitas de conhecimento. O pensamento científico acelera sua evolução, surgindo as diferentes ciências. Aperfeiçoa-se a técnica e a indústria progride. O trabalho, a ciência e a técnica são enaltecidos pelos pensadores do século XVIII, principalmente pelos enciclopedistas, que, ao mesmo tempo, criticavam as péssimas condições de trabalho dos trabalhadores e as desigualdades sociais. Ao desvelar as deformações que a realidade social sofreu ao longo da história humana, o Iluminismo abriu caminhos para a compreensão do homem como um ser ativo e criador de sua própria história[31].

Nessa época, surgiram correntes de pensamento como o materialismo, o naturalismo e o sensismo[32], que, tendo suas raízes no empirismo do século anterior, procuravam explicar o conhecimento e a atividade anímica por meio das sensações, reduzindo o espírito a um resultado da atividade cerebral, e o corpo, sem alma, a um feixe de sensações que se organizavam mecanicamente.

Rousseau foi um dos mais insignes representantes do século XVIII. Rousseau resgata, ao mesmo tempo, o homem como um ser corpóreo, dotado de necessidades e paixões, e o homem como um ser espiritual e histórico, que possui razão e livre-arbítrio. A humanidade do homem reside na consciência de seu livre-arbítrio, na consciência de poder escolher suas ações e no sentimento que acompanha essa possibilidade. O ato de liberdade moral não deriva, portanto, de uma decisão da razão desvinculada da realidade corpórea, mas tam-

---

31. Bogdan Suchodolsky. *La educación humana del hombre*, 1977, p. 55.
32. Os representantes mais conhecidos dessas correntes são: La Mettrie e Buffon, do materialismo e naturalismo, e Condillac, do sensismo (Aldo Agazzi. *Historia de la Filosofía y la Pedagogía*. Tomo II, 1977, pp. 278-320).

bém dele participam os sentimentos e as emoções do homem. Na obra *Emílio*, Rousseau afirma: "Existir para nós é sentir, nossa sensibilidade é anterior à nossa inteligência"[33]. Em São Tomás, a liberdade humana está ligada puramente à esfera da razão, dependendo exclusivamente das funções cognitivas. Para Rousseau, as paixões, enraizadas nas necessidades corporais, em seu estado natural ou modificadas pelas circunstâncias, estão na base de todo ato humano, impulsionando a razão. A história da humanidade, para ele, é a história do distanciamento do homem do seu estado de natureza, anterior à razão, em que vivia como "um ser livre, cujo coração está em paz e o corpo com saúde"[34]. Não sendo, por natureza, um ser social, mas necessitando, por sua fragilidade corporal, da assistência dos seus semelhantes, o homem foi, com a convivência, ao mesmo tempo, aperfeiçoando sua razão e transformando seus sentimentos de amor de si e piedade em egoísmo e indiferença para com seus semelhantes, criando tanto os vícios como as virtudes e gerando a desigualdade social[35]. Assim, os vários acasos que aperfeiçoaram a razão humana corromperam o homem[36].

Para Rousseau, não é a vida social em si que é inumana e injusta, mas esta sociedade que está aí, e que é fruto do livre-arbítrio do homem e das circunstâncias casuais que envolveram a sua história[37]. Para

---

33. Jean-Jacques Rousseau. *Emílio, ou da educação*, Livro IV, 1979.
34. Jean-Jacques Rousseau. *Discurso sobre a desigualdade*, 1988, p. 55.
35. Vasquez assinala que Rousseau, mostrando a negatividade da práxis produtiva humana no desenrolar da história da humanidade, de certo modo, antecipa ideias que vão aparecer mais tarde em Marx (Adolfo S. Vasquez. *op. cit.*, p. 33). Conforme a nota de rodapé de Lourival Gomes Machado, nº 82, Rousseau tende a apontar a propriedade privada como a base real da desigualdade entre os homens. Esse é outro ponto que poderia ter inspirado o pensamento de Marx (Jean-Jacques Rousseau. *op. cit.*, 1988, p.62).
36. Jean-Jacques Rousseau. *op. cit.* p. 62.
37. Para Loewith, os escritos de Rousseau "contêm a primeira e a mais clara característica da problemática humana da sociedade burguesa". O homem burguês é um homem fragmentado: "Não é nem um cidadão, no sentido da pólis antiga, nem uma pessoa inteira, pertencendo, por um lado a si mesmo, por outro, à ordem civil." Karl Loewith. *Das Probleme der buergerlichen Gesellschaft*. 1950, p. 225).

mudar a realidade social, o homem deveria resgatar a pureza dos sentimentos naturais que possuía antes do convívio social e, ao mesmo tempo, superar a sua natureza independente e natural e transformar-se num ser comunitário. A educação deveria proporcionar, primeiramente, pela experiência, um desenvolvimento espontâneo da sensibilidade, até que o ser humano, ao tornar-se adulto, no exercício da liberdade moral, submeter-se-ia livremente à razão, obedecendo a um sentimento interior[38]. A reconciliação concreta do Eu individual e da vontade geral se dá por intermédio do Contrato Social, no qual os homens deliberam o tipo de sociedade em que vão viver e ao qual devem prestar obediência, harmonizando a vontade de cada um com a vontade geral e afastando os obstáculos gerados pelo conflito das paixões e dos interesses dos particulares, superando a desigualdade social e econômica[39]. Resumindo: para Rousseau, o corpo é o componente desde sempre integrado no homem, origem do sentimento no qual ressoa e vive a clarividência do espírito. O conflito é entre o homem e o cidadão. Somente a educação e o compromisso político poderiam levar a uma "reconciliação da natureza e da história"[40].

Em Kant (século XVIII), a humanidade do homem reside também, como em Rousseau, no espírito e na liberdade moral. No ato de obediência à lei moral, a razão, conjugada com a liberdade de querer fundamentada na razão, permite ao homem superar toda a animalidade presente em sua natureza corporal, independentizando-o também do mundo sensível. O pensamento de Kant a respeito da natureza do homem e da educação inspira-se muito em Rousseau, diferindo, no entanto, num ponto fundamental. Em relação à educação, cujo fim mais alto para ambos é a educação moral, Kant contrapõe a

---
38. Em *Emílio*, Rousseau expõe, sob forma de romance, suas ideias pedagógicas, traçando as linhas que deveria seguir a educação da criança até que se tornasse adulta.
39. Na obra *Contrato social*, Rousseau trata do problema social e determina as formas de organização da sociedade que garantiriam a liberdade e a igualdade de todos os membros.
40. Jean Lacroix. *O personalismo como anti-ideologia*, 1977, p. 52.

disciplina à espontaneidade das emoções e dos sentimentos naturais de Rousseau[41]. A disciplina que impediria que o homem fosse afastado, por suas paixões animais, de sua destinação, isto é, de sua humanidade. "A disciplina transforma a animalidade em humanidade"[42]. Enquanto Rousseau via a importância dos sentimentos e das relações afetivas, Kant, descartando a afetividade, já coloca a educação, desde o início, sob o signo do esforço e do trabalho[43]. Kant prevê uma educação do corpo em que o educando cultivaria a habilidade natural, aperfeiçoando o uso dos movimentos voluntários e dos órgãos dos sentidos, deixando-se guiar pela natureza, sem forçar, e dando mais importância à disciplina do que à instrução[44].

Por um lado, percebemos em Kant uma separação entre o ser natural e o ser moral, entre corpo e razão, entre afetividade e inteligência, que deixa entrever a suspeita de que a corporalidade e a afetividade poderiam impedir o exercício espontâneo do ato moral; por isso, é necessário que o homem se submeta ao dever, por um imperativo categórico, um mandamento da consciência, que em si mesmo é incondicional e independente da experiência. Por outro lado, o pensamento de Kant trouxe uma nova compreensão à problemática da corporalidade humana. Já no conhecimento do mundo, por meio das sensações, estão presentes os princípios apriorísticos do espírito, que ordenam o caos das impressões sensoriais[45]. Na problemática do conhecimento, o corpo não é, assim, uma máquina que reage mecanicamente a forças internas ou externas, mas, ao entrar em contato com o mundo, está impregnado da subjetividade do ser que, ao conhecer, de certa forma cria esse mundo.

---

41. Emmanuel Kant. "Réflexions sur l'éducation", 1966. p. 101. Na nota 63, o tradutor e comentador da obra, Philonenko, afirma uma profunda oposição entre Kant e Rousseau, pois Rousseau era contrário a toda a regra, a toda obrigação de fazer uma coisa em uma hora predeterminada.
42. Emmanuel Kant. op. cit., p. 70.
43. A. Philonenko. "Kant et le problème de l'éducation". In: Réflexions sur l'éducation de Emmanuel Kant, 1966, p. 51.
44. Emmanuel Kant. op. cit., p. 108.
45. Emmanuel Kant. Crítica da razão pura, 1987.

Hegel (séculos XVIII e XIX) é um dos representantes do idealismo alemão pós-kantiano, juntamente com Fichte e Schelling. Não obstante as diferenças marcantes existentes entre os representantes do idealismo alemão, suas filosofias caracterizam-se por um abandono da "coisa em si", equiparando o mundo concreto à consciência. Mais que representação, trata-se de uma "atividade representante" exercida pelo sujeito, que, desse modo, condiciona o mundo[46].

Hegel insere em sua antropologia a dimensão da prática produtiva, valorizando o papel do trabalho na formação do homem. No trabalho, corpo e espírito cooperam para a humanização do homem. O trabalho permite ao homem superar sua natureza animal, na medida em que trabalha, não para satisfazer uma necessidade imediata, mas, sim, necessidades dos outros: trabalhando para todos, o homem situa-se num plano humano. Mediando entre o desejo e a sua satisfação, o trabalho permite ao homem elevar-se de sua condição natural[47]. Assim, a corporalidade, ao mesmo tempo que fundamenta o trabalho, por ele se humaniza — é o corpo impregnado de um espírito, que, ao transformar a natureza, também se transforma. O princípio da natureza humana é o espírito — um espírito que evolui historicamente e se encarna no povo, vivendo no indivíduo com uma segunda natureza[48].

Hegel, por outro lado, aponta também os aspectos negativos da mecanização e da divisão do trabalho, sem, no entanto, desvelar suas raízes materiais. Reduzindo o sentido da atividade prática a ser um produto da consciência, Hegel permanece fiel ao espírito da metafísica. Considerando "toda a sensibilidade, toda a realidade, toda a individualidade dos homens e do seu universo"[49] como limites da consciência, Hegel afastou seu pensamento do homem em sua concreticidade, ou melhor, reduziu essa concre-

---

46. José Ferrater Mora. *Dicionário de filosofia*, 1982, p. 186.
47. Adolfo Sánchez Vasquez. *op. cit.*, p. 69.
48. Jean Hyppolite. *Introdução ao pensamento de Hegel*, 1983, p. 18.
49. Karl Marx. *Textos filosóficos*, 1975, p. 19.

ticidade a ser apenas um momento da história do espírito, esvaziando-a de todo o teor ontológico. Pensando o ser como contradição e a natureza humana como história, e valorizando o papel do trabalho na formação e na libertação do homem, Hegel abre caminho para o pensamento de realidades até então total ou parcialmente ignoradas pelos filósofos, como a problemática da corporeidade. Após Hegel, a filosofia adquire uma nova feição, e novas dimensões da realidade — esquecidas por serem marcadas pela finitude — passaram a ser alvo do pensamento filosófico, voltando-se para o homem como um ser real, vivendo em um mundo concreto, que condiciona suas ações. Surgiram, então, pensadores como Marx, no século passado, e Merleau-Ponty, na época contemporânea, cujas ideias nos apontam caminhos para pensar o homem em sua concretude, também como ser sensível e corpóreo.

O homem e sua corporeidade na perspectiva marxista

Neste item, abordamos o pensamento de Marx (século XIX), em que buscamos compreender sua concepção de homem e corporalidade, que marca um ponto crucial na história do pensamento antropológico[50].

---

50. Existe uma polêmica em torno da questão da existência ou não de um humanismo marxiano. Autores como Althusser, Balibar e Mackerey consideram o marxismo como um anti-humanismo e afirmam a existência de um corte epistemológico entre os primeiros escritos de Marx e a obra *O capital* (Mclennan et alii. *Da ideologia*, 1983). Essa obra constitui-se, para esses autores, no verdadeiro pensamento de Marx, caracterizando-se essencialmente pela busca de alcançar, no estudo da sociedade, o "nível de elaboração teórica e sistematização" (Althusser. *Materialismo histórico e materialismo dialético*, 1979, p. 42), ou seja, um estatuto de cientificidade. Marx, para Althusser, a partir de 1845, teria radicalmente rompido com toda a teoria que funda a história e a política na essência do homem. Os autores dessa corrente explicam a evolução da história humana por meio de leis econômicas universais e, em grande parte, deterministas, suprimindo o homem como sujeito (Althusser. *Aparelhos ideológicos de Estado*, 1985). Realmente, as ideias marxianas sobre o homem encontram-se mais claramente explicitadas nas obras anteriores a *O Capital*. Posteriormente, seu pensamento voltou-se mais para a economia política, afastando-se aparentemente das questões filosóficas. Os autores da corrente marxista

57

O marxismo trouxe uma revolução na forma de o homem ver o mundo e a si mesmo. Como vimos no item anterior, até Marx (século XIX), a tradição filosófica caracterizava-se por um pensamento essencialmente metafísico, em que o homem, o mundo e as relações entre eles não eram pensados em sua concretude, mas, sim, como habitantes de um mundo ideal. A contribuição original de Marx ao pensamento antropológico foi a concepção do homem, não como uma essência ideal abstrata e imutável, mas como uma essência histórica, que se configura a partir das condições materiais e concretas de sua existência. Antes de Marx, havia no pensamento filosófico uma valorização excessiva da razão, em detrimento do homem em sua totalidade — um ser espiritual, mas também um ser corpóreo e sensível. Com Marx, a própria consciência está imersa na concretude da vida corpórea e é explicada "a partir das contradições da vida material"[51].

---

humanista, entre eles Lukács (*História e consciência de classe*, 1978), Gramsci (*Concepção dialética da história*, 1986), Goldmann (*Epistemologia e filosofia política*, 1978), Kosi (*Dialética do concreto*, 1985), Heller (*A filosofia radical*, 1983; *O cotidiano e a história*, 1972; *Sociologia de la vida cotidiana*, 1977; *Teoria de los sentimientos*, 1982), Fromm (*Conceito marxista do homem*, 1983), Lefebvre (*O marxismo*, 1979), Meszaros (*A teoria da alienação*, 1981), Bloch e Korsch (*Filosofia e práxis revolucionária*, 1988) e outros buscam as fontes filosóficas do pensamento de Marx principalmente nas obras da juventude. De uma maneira geral, esses autores, no entanto, consideram que os pressupostos filosóficos de seu pensamento, embora não estejam desenvolvidos em O capital, perpassam toda essa obra.
Marx ultrapassa o nível científico da ciência puramente econômica, ao procurar desvelar o que é a realidade humano-social. A nosso ver, seu pensamento não encerra uma oposição entre a filosofia e a ciência, mas, sim, entre um pensamento metafísico desligado da realidade concreta do homem e um pensamento que parte de sua atividade prática. Ao procurar desvelar o sentido da história humana em suas bases materiais, Marx movimenta-se entre conceitos abstratos e descrições históricas reais, superando a cisão entre filosofia e ciência. Podemos dizer que Marx inaugurou, ao mesmo tempo, uma nova concepção de filosofia e uma nova forma de ciência humana: uma filosofia da práxis, enraizada na realidade humana concreta e uma ciência social que não se restringe aos limites positivos e operatórios, mas busca interpretar o real, buscando os princípios radicais que o articulam e o suportam.
Realmente, as publicações de Marx, a partir de 1845, apresentaram um caráter mais sistemático, um estudo mais minucioso da realidade econômica. A concepção dialética da realidade humano-social, no entanto, perpassa toda sua obra, e está na base de todos os conceitos, sejam eles definidos num nível filosófico ou científico.

51. Karl Marx. *Para a crítica da economia política*, 1987, p. 30.

Para poder sobreviver e satisfazer suas necessidades vitais, o homem, ao apropriar-se da natureza, desenvolveu, ao longo de sua evolução histórica, diferentes modos de produção de meios de subsistência. Os diferentes modos de produção, em diferentes épocas históricas, geraram diferentes formas de os homens se relacionarem — relações "necessárias e independentes de sua vontade"[52] que, por sua vez, condicionam seu modo de ser. "A totalidade destas relações de produção forma a estrutura econômica da sociedade, a base real sobre a qual se levanta uma superestrutura jurídica e política, à qual correspondem formas sociais determinadas de consciência"[53]. O homem é, assim, um ser que constrói historicamente a vida social e a sua própria essência em sua inserção na práxis humana, primordialmente, por meio de sua atividade produtiva e das relações sociais que se estabelecem nessa práxis. A relação do homem com a realidade é dialética: "As circunstâncias fazem os homens, tanto como os homens fazem as circunstâncias", pois "a cada geração é transmitida, por sua predecessora, uma massa de forças produtivas, capitais e circunstâncias que, por um lado, é de fato modificada pela nova geração, mas que, por outro lado, também lhe prescreve suas próprias condições de vida e lhe dá um determinado desenvolvimento, um caráter especial"[54].

À questão "o que são o homem e a sociedade?", Marx responde com o conceito de práxis. O homem é um ser essencialmente ativo, que cria a realidade material e social em que se insere, ao mesmo tempo em que essa realidade age sobre ele, constituindo sua essência histórica. "A vida social é essencialmente prática"[55]. O conceito práxis foi resgatado pela moderna filosofia materialista e constituiu a categoria central do humanismo marxista.

---

52. Ibid., p. 29.
53. Ibid., p. 30.
54. Karl Marx. Feuerbach. Oposição das concepções materialista e idealista. In: Marx Engels — Obras Escolhidas, 1982, p. 33.
55. Karl Marx. Teses sobre Feuerbach. In: Marx Engels — Obras Escolhidas, 1982. p. 33.

Marx viu na práxis material, no trabalho, o ponto de partida para a compreensão da práxis humana total. O trabalho pertence à esfera da práxis, em que o agir está intrinsecamente ligado à satisfação de necessidades pela produção material. A atividade produtiva é uma atividade essencialmente humana, que distingue o homem dos animais e se codimensiona com todo seu ser. Por meio do trabalho, o homem se exterioriza e imprime ao objeto sua vontade, sua consciência. "O que distingue, de antemão, o pior arquiteto da melhor abelha é que ele constrói o favo em sua cabeça, antes de construí-lo na cera"[56]. Realizando na matéria o seu objetivo, o homem torna concreta e sensível sua natureza espiritual e "vê seu próprio reflexo num mundo construído por ele"[57]. No trabalho, "põe em movimento as forças naturais pertencentes a sua corporalidade, braços e pernas, cabeça e mão, a fim de se apropriar da matéria natural numa forma útil para a própria vida (...). Ao atuar, por meio desse movimento, sobre a Natureza externa a ele e ao modificá-la, ele modifica, ao mesmo tempo, sua própria natureza"[58]. Com o desenvolvimento histórico das formas e das relações intrínsecas à atividade produtiva, a natureza humana cresce em complexidade, amplia-se o mundo humano, criando-se novas necessidades materiais e espirituais e novos modos de satisfazê-las que, por sua vez, geram novas necessidades, em um contínuo devir.

Com Marx, a dimensão da corporalidade do homem é pensada em toda a sua concreticidade. O homem objetiva-se no mundo exterior por meio de todos os seus sentidos — "não é apenas em pensamento, mas por intermédio de todos os sentidos que o homem se afirma no mundo objetivo"[59]. Para Marx, "no trabalho criador, evidencia-se a unidade entre consciência e corpo", sendo o trabalho manual "ao mesmo tempo,

---

56. Karl Marx. *O capital*, Livro I, Vol. I, 1983, p. 149.
57. Karl Marx. *Manuscritos econômicos e filosóficos*, 1983, p. 97.
58. Karl Marx. *O capital*, Livro I, Vol. I, 1983, p. 149.
59. Karl Marx. *Manuscritos econômicos e filosóficos*, 1983, p. 121.

trabalho ou atividade da consciência"[60]. O corpo do homem é um corpo que se torna humano por sua atividade produtiva. Seus sentidos são sentidos humanos, pois seus objetos são objetos humanos, criados pelo homem e a ele destinados"[61]. Nesse processo, ele humaniza a natureza e também seus sentidos, que em si mesmos são um produto histórico-social.

> Os sentidos do homem social são diferentes do homem não-social. É só por intermédio da riqueza objetivamente desdobrada do ser humano que a riqueza da sensibilidade humana subjetiva (um ouvido musical, um olho sensível à beleza das formas, em suma, sentidos capazes de satisfação humana e que se confirmam como faculdades humanas) é cultivada ou criada. (...). Assim, a objetificação da essência humana, tanto teórica quanto praticamente, é necessária para harmonizar os sentidos humanos e também para criar os sentidos humanos correspondentes a toda a riqueza do ser humano e natural[62].

O trabalho e a práxis humana determinam a evolução da história, a criação contínua do que é especificamente humano, o que, ao mesmo tempo, é um produto do homem, dele torna-se independente, interagindo dialeticamente com ele.

Marx percebeu que, no desenrolar do processo histórico, devido às condições que envolveram o trabalho humano, a objetivação transformou-se em alienação. Na sociedade capitalista, a contradição habita o interior do trabalho, pois, ao mesmo tempo que o homem cria a si mesmo por meio de sua atividade produtiva, aliena-se de si mesmo, de suas possibilidades humanas historicamente criadas, sobretudo de sua criatividade e de sua liberdade. Ao vender ao capitalista sua força de trabalho, que é transformada em mais-va-

---

60. Adolfo Sánchez Vasquez. *Filosofia da práxis*, 1977, p. 264.
61. Karl Marx. *Manuscritos econômicos e filosóficos*, 1983, p. 120.
62. *Ibid.*, p. 122.

lia para aumentar o capital, o trabalhador aliena-se de si mesmo, de suas necessidades humanas, criativas e espirituais e "só se sente livremente ativo em suas funções animais — comer, beber e procriar"[63]. A redução do sentido da atividade humana ao crescimento do capital transformou o trabalhador em mercadoria e a necessidade do dinheiro, no sistema econômico moderno, passou a constituir-se na verdadeira necessidade do homem. "Em lugar de todos os sentidos físicos e espirituais apareceu, assim, a simples alienação de todos esses sentidos, o sentido de ter"[64], que encontra sua materialização no dinheiro. "A desvalorização do mundo humano aumenta na razão direta do aumento de valor do mundo das coisas. O trabalho não cria apenas bens, também produz a si mesmo e o trabalhador como mercadoria, e, deveras, na mesma proporção em que produz bens"[65]. O trabalho perdeu sua característica de envolvimento do ser humano total, e seu produto surge ao trabalhador como algo que lhe é estranho e hostil, que se torna independente dele e o oprime. O processo transforma-se em cansaço e sofrimento, perdendo suas características humanas. A alienação do trabalho estende-se também às relações entre os homens, entre o não trabalhador e o trabalhador, caracterizando-se como exploração — isto é, apropriação, por parte do não trabalhador, de algo que não lhe pertence: a força de trabalho do trabalhador —, quanto ao primeiro, e como servidão, quanto ao segundo. Alienando-se de si mesmo e dos outros homens, o homem aliena-se de seu ser social, tornando-se individualista e egoísta e convertendo a existência do outro em um meio para sua existência individual.

    Na concepção marxista, a alienação econômica está na base de todas as outras formas de alienação. As raízes históricas da alienação Marx encontra na divisão do trabalho, na propriedade privada e no aparecimento

---

63. *Ibid.*, p. 94.
64. *Ibid.*, p. 177.
65. *Ibid.*, p. 90.

do dinheiro como meio de troca universal. Para ele, só a alienação ser superada, e o homem encontrar à sua autorrealização, quando, pela reconstrução socialista da sociedade, forem modificadas as condições materiais que geraram a alienação econômica. Somente ao restabelecer seu domínio sobre a troca, a produção e o modo de suas relações, com a superação da propriedade privada e, consequentemente, da divisão do trabalho, o homem poderá ser livre.

Na sociedade capitalista, o processo de trabalho, alienando-se de suas raízes humanas, alienou também o homem em sua corporalidade. Sua atividade produtiva, criativa, em que ele expressa seu ser total, é transformada em tempo de trabalho e absorvida pelo capital. Os seus próprios poderes físicos tornaram-se independentes e aparecem-lhe como estranhos, desvinculados de seu ser total. O corpo vivo, participante do ato criador de transformar a natureza, tornou-se um corpo mecanizado, que tem tarefas a cumprir de forma automatizada, com um mínimo de participação do espírito. O corpo do trabalhador não é somente um corpo alienado, mas é um corpo deformado pela mecanização e pelas condições precárias de realização de movimentos. "Enquanto o trabalho em máquinas agride o sistema nervoso ao máximo, ele reprime o jogo polivalente dos músculos e confisca toda a livre atividade corpórea e espiritual"[66]. Fazer com que esse corpo subsista como força de trabalho é o único objetivo do capital.

Marx vê, na abolição da divisão do trabalho, a possibilidade histórica de resgatar a condição da atividade humana de ser indivisível em material e espiritual.

O pensamento de Marx, a nosso ver, é uma fonte importante de reflexões para a Educação Física, pois abre caminhos para a compreensão do homem contemporâneo e da realidade sócio-histórica em que ele vive, desvelando as relações fetichizadas consigo mesmo e com os outros.

---

66. Friedrich Engels, *apud* Marx. *O capital*, Livro I, Vol. II, 1984, citação nº 187, p. 43.

O sentido do corpo em Merleau-Ponty

O pensamento de Merleau-Ponty (1908-1961) encerra uma busca de compreensão da existência humana, de esclarecimento do enigma do homem e do ser — uma busca nunca acabada, mas sempre aberta a novas interrogações[67]. Em seu pensamento, o sensível reveste-se de uma significação central na vida humana, adquirindo uma dimensão ontológica, que abre uma nova direção no pensamento antropológico. Nunca, até então, a problemática da corporeidade humana foi pensada de forma tão radical. Daí a importância do pensamento de Merleau-Ponty para a Educação Física, pois ele possibilita uma visão do corpo e do movimento integrados na totalidade humana.

Houve uma evolução no pensamento de Merleau-Ponty das primeiras obras até a última; no entanto, toda sua obra é perpassada por uma unidade, que está no cerne de seus pensamentos: a crítica radical à metafísica cartesiana que, separando o corpo do espírito, o sujeito do objeto, instaurou no conhecimento uma cisão, cujos polos extremos são representados, de um lado, pelo objetivismo da ciência, e de outro lado, por um idealismo filosófico[68]. Com essa cisão, o objeto tornou-se exterioridade pura, uma realidade em si mesma, preexistente ao conhecimento e habitada por relações de causalidade. O sujeito passou a ser visto como interioridade absoluta, e a realidade viva, como mera representação na consciência.

---

67. O número especial da revista *Tempos Modernos* (17 année n°s 184-185) versa inteiro sobre o pensamento de Merleau-Ponty. Os ensaios nela contidos nos auxiliaram muito na compreensão de seu pensamento, principalmente: "Existence et dialectique dans la philosophie de Merleau-Ponty" de Jean Hippolyte; "L'idée d'être brut et d'esprit sauvage" de Claude Lefort; "Note sur le problème de l'inconscient chez Merleau-Ponty", de J.B. Pontalis; "Merleau-Ponty vivant" de Jean-Paul Sartre; "Situation de Merleau-Ponty" de Alphonse De Waehlens.

68. Como esclarece Marilena Chauí no prefácio da obra *Textos escolhidos/Maurice Merleau-Ponty*, da coleção *Os Pensadores* (p. IX), a tendência idealista não se confina à filosofia, nem a tendência empirista exclusivamente à ciência, encontrando Merleau-Ponty, na obra *Estrutura do comportamento*, a sua contrapartida: um idealismo científico e um empirismo filosófico.

Tanto o empirismo — que toma o mundo como realidade em si — como o racionalismo — que reduz o mundo à imanência do conhecimento — não são capazes de dar conta de uma verdadeira compreensão da realidade humana, pois não questionam a experiência originária, pela qual o mundo aparece ao homem antes da cisão consciência e mundo. Permanecem como "pensamento de sobrevoo"[69], não tocam o real em sua totalidade existencial, decompondo-o em aspectos parciais e abstratos.

Rejeitando as posições monistas, objetivistas ou subjetivistas, que reduzem o homem e sua existência a somente um dos polos que constituem seu ser, Merleau-Ponty busca a compreensão do homem de forma integral. O homem é um ser-no-mundo e só pode ser compreendido "a partir de sua facticidade"[70]. O homem, para ele, é ambiguidade. Nele estão presentes os dois mundos — o mundo do corpo e o mundo do espírito —, numa tensão dialética, sendo, ao mesmo tempo, interioridade e exterioridade, sujeito e objeto, corpo e espírito, natureza e cultura, num movimento que é a própria vida e o tecido da história.

Na trajetória do pensamento de Merleau-Ponty, percebe-se uma passagem gradual da perspectiva fenomenológica à ontológica[71]. Nas primeiras obras, o pensamento de Merleau-Ponty estava ainda muito vinculado à fenomenologia de Husserl, que atribuía à consciência o poder de constituir o mundo e doar significados[72]. Buscando a experiência originária em que se radica a intencionalidade da consciência, Merleau-Ponty reflete sobre o fenômeno da percepção e encontra na consciência perceptiva o sentido do corpo na relação homem-mundo —

---

69. Maurice Merleau-Ponty. *O olho e o espírito*, 1980, p. 86.
70. Maurice Merleau-Ponty. *Fenomenologia da percepção*, 1971, p. 5.
71. Segundo Marilena Chauí (*op. cit.*, pp.VI/VII), essa passagem se torna mais nítida, a partir da obra *Signes*.
72. Em sua primeira obra, *Estrutura do comportamento* (1975), Merleau-Ponty já esboça sua ideia de "corpo próprio" ou "corpo fenomenal". No entanto, é a partir da *Fenomenologia da percepção* (1971) que a ideia corpo é plenamente desenvolvida como o lugar onde se fundem as noções de sujeito e objeto.

"... tenho consciência de meu corpo através do mundo..." e "... tenho consciência do mundo devido a meu corpo..."[73]. Assim, a cada passo na evolução do seu pensamento, o poder constituinte da consciência é minimizado, adquirindo a relação corpo-mundo sensível o estatuto ontológico de doadora de significados. O real não é constituído por uma consciência pura que o determinaria, mas a relação homem-mundo é estabelecida num contato direto com as coisas — do corpo com as coisas. É o olhar, são as mãos... enfim, nossos sentidos, que nos revelam o mundo. "O corpo é o veículo do ser no mundo, e ter um corpo é, para uma pessoa viva, juntar-se a um meio definido, confundir-se com alguns projetos e engajar-se continuamente neles"[74]. O corpo é o lugar onde a transcendência do sujeito articula-se com o mundo.

Ao mesmo tempo que nos abrimos ao mundo, nós o impregnamos com nossa interioridade. Assim, os seres que nos rodeiam abandonam o estatuto de pura objetividade e são partes do nosso Eu, ao mesmo tempo que nossa interioridade é plena de coisas do mundo. No entanto, permanece entre nós e elas uma distância infinita, pois sendo o mundo não o que penso, mas o que vivo, e estando aberta a ele, "comunico-me indubitavelmente com ele, mas não o possuo, ele é inesgotável"[75]. Nosso corpo, por sua vez, é feito do mesmo estofo que as coisas do mundo, mas, ao mesmo tempo, delas se distingue — é ele que as ilumina com o olhar, que desvela o seu ser.

O corpo, como corpo próprio ou vivido, possui uma intencionalidade operante que engloba todos os sentidos na unidade da experiência perceptiva, na qual "os sentidos se intercomunicam, abrindo-se à estrutura de coisa"[76]. A integração dos sentidos só pode ser explicada por ser um único organismo que conhece e se abre ao mundo, com o qual ele coexiste.

---
73. Maurice Merleau-Ponty. *Fenomenologia da percepção*, 1971, p. 95.
74. Ibid., p. 94.
75. Ibid., p. 14.
76. Ibid., p. 235.

O fenômeno da motricidade humana, em suas relações espaciais e temporais, é compreendido por Merleau-Ponty também na perspectiva do ser-no-mundo: a motricidade como intencionalidade original. Aprendemos um movimento ou adquirimos um hábito motor quando o corpo o incorporou a seu "mundo", e realizar um movimento corporal é visar às coisas do mundo por meio do corpo, sem o intermédio de nenhuma representação. "A motricidade não é, pois, como uma serva da consciência, que transporta o corpo no espaço que representamos primeiramente"[77]. O tempo e o espaço não são dimensões objetivas: "Estou no tempo e no espaço, meu corpo aplica-se a eles e os envolve"[78]. O movimento do corpo não deriva de uma decisão do espírito, não é "um fazer absoluto, que, do fundo do retiro subjetivo, decretasse alguma mudança de lugar miraculosamente executada na extensão. Ele é a sequência natural e o amadurecimento de uma visão"[79].

A unidade do homem é ideia fundamental no pensamento de Merleau-Ponty. Assim, a sexualidade não é vista como um fenômeno corporal isolado, mas como algo que tem seu sentido na totalidade da experiência humana. A sexualidade não se reduz a um automatismo periférico, mas é uma intencionalidade original, uma forma de ser que segue o movimento geral da existência, e em que está engajada toda nossa vida pessoal.

A experiência originária do corpo consigo mesmo é fundante na relação homem-mundo. "Há uma relação de meu corpo consigo mesmo que o transforma no *vinculum* do Eu com as coisas"[80]. Há, nessa experiência, uma ambiguidade que reside no fato de meu corpo ser, ao mesmo tempo, visível e vidente, sensível e "sentiente". Quando a mão direita toca a esquerda e

---

77. *Ibid.*, p. 150.
78. *Ibid.*, p. 151.
79. Maurice Merleau-Ponty. *O olho e o espírito*, 1980, p. 88.
80. Maurice Merleau-Ponty. *O filósofo e sua sombra*, 1980, p. 247.

esta de tocada torna-se tocante, é como se "uma potência exploradora pousasse sobre ela ou a habitasse"[81]. Ao olhar as coisas e ao tocá-las, o corpo se percebe, ao mesmo tempo, como vidente e sensível. O corpo realiza uma reflexão, o que até então era atributo exclusivo da consciência. O próprio conceito de reflexão é, assim, transformado. A reflexão não é constituída por uma consciência pura, mas, sim, enraíza-se na experiência sensível, na qual se encontram a gênese do sentido e o fundamento do mundo cultural.

A reversibilidade do vidente e do visível nunca é realizada plenamente. Assim, a reflexão nunca abarca a realidade em sua totalidade, mas permanece sempre aberta para novas significações. A experiência do corpo reflexionante supera a cisão sujeito e objeto, pois nela o corpo se revela pertencendo, ao mesmo tempo, à ordem do "objeto" e à ordem do "sujeito", como duas faces de uma folha de papel: coisa entre as coisas e, ao mesmo tempo, está além das coisas, pois o Eu ser é que as desvela e as chama à existência[82]. "Elas são um anexo ou um prolongamento dele mesmo, estão incrustadas na sua carne, fazem parte de sua definição plena, e o mundo é feito do próprio estofo do corpo"[83].

Essa experiência originária se propaga nas relações com as coisas e com os outros. A intersubjetividade também se instaura a partir de uma experiência que é similar à do corpo sentiente-sensível. "Aquele que põe o outro homem é sujeito percipiente, o corpo do outro é coisa percebida, o próprio outro é posto como percipiente. Trata-se de uma copercepção"[84]. A percepção do outro se dá pela empatia de duas corporeidades (*Einfueh-*

---

81. Maurice Merleau-Ponty. *O olho e o espírito*, 1980, p. 88. A experiência do homem de ser, ao mesmo tempo, tocado e tocante é referida por Merleau-Ponty em outras obras como: *O filósofo e sua sombra*, (p. 247), *Fenomenologia da percepção*, (p. 105) e o *visível e o invisível*, (p. 133).
82. Maurice Merleau-Ponty. *O visível e o invisível*, 1984, p. 133.
83. Maurice Merleau-Ponty. *O olho e o espírito*, 1980, p. 89.
84. Maurice Merleau-Ponty. *O filósofo e sua sombra*, 1980, p. 251.

lung), que se comunicam não como um "eu penso", mas como um "eu sinto". "Percebo primeiro uma outra sensibilidade e somente a partir daí, um outro homem e um outro pensamento."[85]

A unidade corporal, vivenciada na percepção e na motricidade, o pensamento, bem como as relações do homem com os outros e com o mundo emergem dessa região pré-teorética, que é anterior à dicotomia Eu e mundo, sujeito e objeto. É a região do "Ser Bruto" ou "Espírito Selvagem". A unidade da experiência corporal, como afirma Merleau-Ponty, só pode ser devidamente compreendida quando for superada a cisão sujeito-objeto, admitindo-se que o corpo sinérgico não é um objeto, que reuniria um feixe de "consciência" aderente aos olhos, às mãos...; nem a consciência seria a unidade sintética de uma multidão de "consciências de...", mas, sim, esta se apoia e se sustém na unidade pré-reflexiva e pré-objetiva do corpo — a carne[86]. A carne seria o ser uno — nem puro corpo, nem puro espírito, nem união dessas substâncias contraditórias —, mas "elemento, emblema concreto de uma maneira de ser geral"[87].

Merleau-Ponty chega, assim, a uma ontologia do sensível, a um "*logos* do mundo estético", que é fundante do "*logos* cultural", por meio da linguagem, criando o mundo humano da arte, da cultura, do trabalho e da história. O mundo cultural é sedimentado pela linguagem. A linguagem, como o gesto corporal, está impregnada no corpo. Na palavra, uma ideia nunca é dada em sua transparência, permanecendo um sentido imanente que a transborda, que transcende o pensamento, do qual ela não é um mero instrumento. "A significação anima a palavra, como o mundo anima meu corpo, graças a uma surda presença que desperta minhas intenções, sem desdobrar-se diante delas"[88]. A lingua-

---

85. *Ibid.*, p. 249.
86. Maurice Merleau-Ponty. *O visível e o invisível*, 1984, pp. 137-138.
87. *Ibid.*, p. 143.
88. Maurice Merleau-Ponty. *Fenomenologia da linguagem*, 1980, p. 134.

gem é também a possibilidade da comunicação, da intersubjetividade e da práxis humana.

Merleau-Ponty encontra afinidade com o pensamento de Marx e não vê incompatibilidade da fenomenologia existencial com o marxismo[89]. Por isso mesmo, é contra as interpretações mecanicistas do marxismo, que reduzem o movimento da história ao determinismo de leis econômicas, transformando o homem em objeto. Com a categoria da "práxis", Marx desvela o homem como ser sensível e o mundo humano como mundo vivido, que se desdobra a partir da ação conjunta dos homens que, na produção de sua vida material, no trabalho, estabelecem determinadas formas históricas de relações sociais. A realidade social, a economia, as relações fetichizadas da práxis inter-humana e as ideologias encontram seu fundamento e sua origem na existência concreta. Emergem do mundo vivido, repleto de experiências e valores, que se incorporam em nosso ser a partir de nossa história individual e coletiva e têm suas raízes na região pré-teorética do sentir, que é o solo de onde brotam os fios intencionais de nossas reflexões e ações. Dialética materialista significa, para Merleau-Ponty, que a dialética se dá no plano da práxis inter-humana, no mundo da matéria, definindo matéria como as relações sociais mediadas pelo trabalho[90]. Para Merleau-Ponty, o conceito marxiano de matéria engloba consciência e mundo sensível, sujeito e objeto, pensamento e ação na unidade dinâmica da dialética. A economia é um fator fundamental no movimento histórico da vida de uma sociedade, mas não é uma causalidade pura, pois faz parte da existência viva dessa sociedade. O homem engajado na luta de classes não percebe sua luta como exclusivamente econômica, mas atribui a sua ação uma significação humana, que

---

89. Maurice Merleau-Ponty. *O marxismo e a filosofia*, 1980, pp. 71-82.
90. Na nota nº 8 do ensaio "Marxismo e filosofia", Marilena Chaui define matéria, segundo a interpretação marxista de Merleau-Ponty, como "as relações sociais historicamente determinadas" (1980, p. 72).

remete a sua história individual e coletiva: "... a classe é vivida concretamente antes de se tornar objeto de uma vontade deliberada"[91]. A história de uma sociedade e a sua vida cultural não podem ser simplesmente reduzidas a um resultado de conflitos de interesses econômicos. Embora reconhecendo o papel importante da economia, até preponderante em determinados períodos históricos, Merleau-Ponty é contra todo determinismo econômico mecanicista, que não dá importância ao fato de que as relações sociais são mediadas por homens que encarnam ideias e valores, e que a superestrutura ideológica e política tem sua lógica implícita e sua origem histórica na realidade humana, em sua totalidade existencial.

O pensamento de Merleau-Ponty é um pensamento da ambiguidade do ser humano como intencionalidade, como consciência e corpo, desvelando sua unidade a partir da raiz sensível, corpórea, e da experiência original de ser-no-mundo.

---

91. Maurice Merleau-Ponty. *Fenomenologia da percepção*, 1971, p. 366.

3
REFLEXÕES SOBRE O HOMEM

Neste capítulo, apresentaremos nossas reflexões sobre o homem, procurando compreender a problemática da corporeidade inserida na totalidade da existência humana. Nessas reflexões, buscamos os fundamentos para pensar a Educação Física como fenômeno educativo.

Pensar o homem e sua realidade por meio de questionamentos radicais, buscando compreender o sentido da vida humana, não nos parece uma tarefa fácil. Essa compreensão, para nós, tem como ponto de partida uma experiência singular, originária, que é a experiência de ser — experiência fundamental que abarca o homem em sua totalidade existencial: como ser-no-mundo. Sendo assim, os conceitos e a linguagem parecem-nos demasiado pobres para expressar uma experiência que envolve o homem não somente como um ser pensante, mas também como um ser que sente e age. Nessa experiência, sentir, pensar e agir não coexistem de forma dissociada, mas se fundem, sendo possível compreendê-los separadamente apenas em um nível puramente conceitual. O pensamento sobre a realidade humana não esgota nunca a riqueza da experiência. O homem e a vida permanecem sempre um mistério.

Pensar sobre o homem é difícil também, porque sendo o homem, ao mesmo tempo, sujeito e objeto da reflexão, essa tarefa significa um desvelar do nosso próprio ser, uma compreensão das nossas crenças e uma busca de desmistificação de ideologias que, ao longo de nossa vida, sedimentaram-se em nossa forma de ver e pensar o mundo. Essa tarefa exige, portanto, uma reestruturação na forma de perceber as coisas — um distanciamento e, ao mesmo tempo, uma aproximação —, que não ocorre só no plano racional, mas envolve nosso ser em profundidade. Apesar desse esforço, no entanto, a realidade do homem é complexa e nunca atingimos uma compreensão total que abarque essa complexidade.

A história do pensamento humano revela-nos diferentes concepções de homem e de mundo. Essas concepções estão ligadas às experiências dos homens em diferentes épocas históricas e radicam-se no movimento concreto da vida material de uma sociedade, onde o homem vive e pensa sua realidade. O pensar está implícito em viver, que é uma forma total de ser, pois abrange o homem em sua totalidade existencial — sentir, pensar e agir — e em sua relação com o mundo. Sendo assim, o pensamento do homem sobre a realidade apresenta diferentes formas, diferenças essas oriundas da individualidade do pensador, mas que não podem ser compreendidas dissociadas de sua época histórica. Todas as concepções procuram uma compreensão total do homem. Todas elas tocam em algum aspecto importante da realidade humana. A fragilidade de algumas concepções reside justamente no fato de privilegiarem um aspecto da realidade humana e fazerem desse aspecto o fundamento absoluto da totalidade existencial do homem.

Poderá o homem transcender a forma de ser e pensar dominante em sua época, libertar-se — ainda que não seja de forma total — dos limites que cerceiam sua razão? Sim e não. O homem possui a capacidade de reflexão, de compreensão das coisas do mundo e de si mesmo. A história do pensamento tem-nos mostrado homens que transcenderam sua época histórica, sendo capazes de ver além dos limites oriundos de suas experiências, vivenciadas em uma determinada realidade material concreta. Por outro lado, a razão humana é uma razão situada. O homem pensa a partir de sua facticidade, como um ser que vive no mundo, que possui necessidades fundamentais, crenças e valores, os quais compartilha com outros homens. Assim, na sua forma de ver as coisas e experienciar o mundo, reflete-se, de certa forma, a sociedade em que vive. As questões que o homem se coloca de forma radical, ao mesmo tempo que buscam a transcendência, trazem a marca do seu comprometimento com o mundo.

O homem como unidade existencial — Afirmar o homem como unidade existencial significa compreendê-lo como uma subjetividade encarnada, isto é, como um ser — espiritual e corpóreo — que está aberto ao mundo, sem o qual ele não existe. Homem e mundo formam, assim, uma síntese dialética, cujos momentos se constituem na negação um do outro e na sua superação. Nessa bipolaridade, estão presentes a negação da redução de um elemento ao outro e, ao mesmo tempo, a afirmação da impossibilidade de separá-los, pois não podemos pensar o homem sem o mundo no qual ele se projeta e nem o mundo sem o homem que o constitui e lhe dá consistência de ser. No cerne da ação do homem no mundo, está o momento de negação a necessidade que o impulsiona a agir para suprir a falta de alguma coisa.

Mundo, nesse contexto, é o horizonte, a perspectiva na qual a realidade objetiva é significada pela subjetividade que a desvela e lhe atribui um sentido. Os pensamentos, sentimentos e as ações humanas adquirem seu significado total ou parcial a partir do contexto mundano em que estão inseridos. O homem habita, assim, infinitos mundos (mundo familiar, mundo do trabalho, mundo da arte etc.), que constituem o horizonte, o campo de possibilidades de suas experiências.

Desde o início de sua existência, o homem interage com um meio que lhe é exterior, no sentido biológico, mas que, no movimento dialético de suas experiências — na busca de satisfação de suas necessidades materiais e espirituais —, passa a fazer parte do seu ser. A linguagem, por exemplo, é aprendida na interação Eu-mundo, possuindo uma realidade objetiva, mas que só existe quando é incorporada por alguém que a vivencia concretamente e com ela estrutura seus pensamentos e se comunica. A linguagem não é, assim, um instrumento: passa a fazer parte do ser do homem, perdendo sua realidade puramente objetiva, mas também não se reduzindo à subjetividade — constituindo-se e existindo por intermédio do movimento dialético do homem e do mundo.

Ao nascer, o ser humano já está inserido em uma determinada cultura e passa a viver em um determinado momento histórico. Ao longo de seu desenvolvimento, a criança incorpora as coisas do mundo, aprende a simbolizar suas experiências e, simultaneamente, a desenvolver sentimentos em relação a pessoas e coisas e a agir em seu meio, também transformando-o por meio de sua ação. Na interação com o mundo, o indivíduo vai construindo sua personalidade, formando sua identidade pessoal. A partir do universo familiar, onde se realizam as primeiras vivências infantis, o mundo do homem vai ampliando-se. Novos contornos vão surgindo. As experiências novas transformam e reestruturam as experiências anteriores. Essas experiências, que se constituem da ação recíproca do homem e do mundo, determinam ao homem sua forma peculiar de ser, ao mesmo tempo que fornecem os contornos que delimitam seus diversos mundos. Com subjetividade, o homem, ao experienciar o mundo, mantém a identidade individual frente a uma multiplicidade de relações, papéis e funções, procurando estruturar suas experiências, de modo a assegurar a unidade pessoal. Isso não exclui a possibilidade de inúmeras contradições entre os modos de o homem atuar em seus diferentes mundos.

No entanto, cada homem nasce em um mundo que já está presente com suas instituições, valores, crenças, com as maneiras de os homens relacionarem-se entre si, com as formas de sentir, pensar, expressar sentimentos e agir neste mundo, acumulados no desenrolar do processo histórico. Esse "já estar aí" dá ao mundo o estatuto de objetividade. O mundo tem existência concreta e as coisas do mundo, em um certo sentido, existem independentemente da nossa consciência delas. Assim como o homem, o mundo, por sua natureza dialética, é ambíguo, sendo, ao mesmo tempo que objetivo, também marcado pela subjetividade, pelos significados que são atribuídos às coisas pelos homens, por meio de sua ação. Assim, a miséria, por exemplo, tem um caráter objetivo, é algo que está ali independente de eu percebê-la ou não; está articulada com outras realidades, com o sistema econômico nacional e internacional, com a corrupção dos homens que assumem os governos etc. Ela tem uma realidade objetiva, que possui características e leis próprias que independem de minha vontade singular e do meu conhecimento e avaliação das diferentes conexões do fenômeno, mas que só tem significado a partir de uma consciência que vivencie essas relações e lhes dê um sentido — daí sua natureza subjetiva. As pessoas orientam suas ações não em função de uma realidade objetiva, mas em função da sua percepção da situação, dos significados subjetivos e intersubjetivos atribuídos às coisas mundanas, no desenrolar da sua história pessoal e social.

    Para a Educação Física, é importante essa visão do homem como uma subjetividade encarnada, e também a compreensão de que as ações motoras têm um sentido subjetivo enraizado na história individual de cada um, ao mesmo tempo que possui um sentido intersubjetivo, que se configurou ao longo do processo histórico-social. Assim, o professor de Educação Física, ao orientar as ações motoras dos alunos, deverá levá-los a vivenciar autênticas experiências corporais, em que o aluno forme seus próprios significados de movimento, quer dizer, que ele envolva seus movimentos com sua subjetividade, que eles se tornem seus e brotem de sua interioridade.

A subjetividade humana é capaz de criar para si muitos mundos, conforme as perspectivas segundo as quais atua na realidade. Esses mundos possíveis se definem e se estruturam a partir do mundo real, que o solo onde se apoiam as nossas experiências. Assim, em todas as nossas experiências individuais estão presentes hábitos, costumes, ideias, formas de sentir, crenças e valores de uma sociedade, em uma determinada época, que, em cada caso concreto e particular, são vivenciados e expressos de forma singular, mas revelam este solo comum: o estofo do real com que são tecidos os nossos mundos.

A práxis humano-social — O mundo onde existimos — campo pleno de possibilidades de experiências —, dentro de uma perspectiva marxista, pode ser pensado como o mundo da práxis. Práxis tem aqui um sentido amplo, não abrangendo unicamente o processo do trabalho, mas todas as manifestações do homem em seu sentido existencial — o homem como um ser ativo, que age em seu mundo.

Na produção da vida material, na busca de meios que assegurem a satisfação de suas necessidades materiais e espirituais, o homem engaja-se numa práxis que envolve o seu ser total: como ser sensível, que sofre, sente dor e fome, adoece, sente prazer, fica alegre, relaciona-se afetivamente com os outros, comunica-se etc., e que tem consciência, ainda que limitada pelas circunstâncias, da sua situação no mundo. As relações sociais oriundas dessa práxis são fundamentais na sua maneira de ser. Assim, na práxis, no seu engajamento mundano, o homem transforma a realidade, ao mesmo tempo que cria a si mesmo. Na ação transformadora da natureza, o homem objetiva-se, isto é, torna concreto um projeto implícito em sua subjetividade. Para poder agir sobre a natureza, o homem precisa ser capaz de percebê-la em sua objetividade, com suas leis e estruturas peculiares, para a ela adequar sua ação, transformando também a si próprio. A práxis é, assim, ao mesmo tempo que criadora do homem e de uma realidade que existe independentemente dele, abertura para o ser. Com o conceito de práxis, a realidade humano-social revela-se como "formadora e, ao mesmo tempo, forma específica do ser humano"[1], possuindo esse conceito um teor ontológico. Na práxis, e pela práxis, há a abertura para o homem construir sua essência genérica, como um ser social, livre e criativo.

O momento da práxis é o momento do acontecer histórico, em que o dualismo subjetividade-objetividade é superado e em que passado e futuro se integram em um presente, que traz em si o peso das experiências anteriores de um passado, que não permaneceu estático, e é uma antecipação do futuro. Essa unidade dialética é designada por totalidade ou ser, na filosofia contemporânea[2]. Referimo-nos, aqui, não a uma totalidade abstrata e intemporal, mas, sim, a uma totalidade concreta, historicamente mutável, que compreende a realidade humano-social como um "todo coerente, em que cada elemento está, de uma maneira ou de outra, em relação com cada elemento e, de outro lado, que essas relações formam, na própria realidade objetiva, correlações concretas, conjuntos, unidades ligadas entre si de maneiras completamente diversas, mas sempre determinadas"[3]. A totalidade concreta abrange, assim, as realizações humanas, espirituais e materiais, em suas múltiplas formas. Não se trata de uma totalidade abstrata, que seria o dever-ser da realidade, mas, sim, é o seu próprio ser, que é devir, que é história. A realidade concreta é mediada pelo homem. O homem é capaz de projeto. Assim, o movimento global da história não se explica por uma dialética puramente espiritual nem puramente material. Pela mediação do homem, que, em sua práxis, cria seu mundo, a síntese dialética encerra em si as múltiplas contradições: do projeto com a realidade objetiva, da essência com o fenômeno, da reflexão com a ação, da necessidade com a liberdade. O próprio projeto humano contém em si a contradição de ser, ao mesmo tempo que temporal, con-

---

1. Karel Kosik. *Dialética do concreto*, 1976, p. 201.
2. Lucien Goldmann. *Epistemologia e filosofia política*, 1984, p. 12.
3. Georg Lukács. *Existencialismo ou marxismo?*, 1979, p. 240.

tingente e limitado, aberto a valores transcendentes como a verdade, a justiça e a liberdade. Esses valores, por sua vez, ao mesmo tempo que transcendem o momento histórico, trazem em si a marca da finitude, revestindo-se de diferentes formas no desenrolar da história. A totalidade de que falamos é uma totalidade histórica, nem pura abstração, nem pura concretude, mas um devir que se efetiva na práxis humana: no trabalho, nas instituições, no exercício político, nas relações inter-humanas, enfim, em todos os âmbitos da ação humana.

O movimento da história como uma totalidade não se deve exclusivamente a ideias, desligadas da vida social, nem a uma sociedade desligada de ideias, pois a sociedade é composta de homens que possuem ideias, e essas se enraízam num determinado contexto social. A compreensão do processo histórico só é possível se o ser humano for visto como um ser não somente racional, mas possuindo necessidades e impulsos, que transforma a si mesmo como um todo, ao mesmo tempo que se transformam as relações entre os homens. Da teia de entrelaçamentos dos planos e ações humanas, surge uma força totalizante mais forte do que os desejos e as ações singulares, que impulsiona a marcha da história.

Os múltiplos universos do homem — o universo do lazer, da política, da arte, do direito etc. — são totalidades parciais e possuem sua própria dialética, não se constituindo, entretanto, em estruturas autônomas, mas, sim, interdependentes, que estão em mútua conexão.

A reflexão sobre o mundo de hoje aponta-nos dois fatores totalizantes, oferecendo o mundo "o espetáculo de uma totalidade em marcha, ainda que vincada de contradições de toda ordem", como expressa Bornheim[4]. De um lado, o mundo conduzido pelos avanços da tecnologia, que, por sua natureza ambígua, ao mesmo tempo que permite a libertação do homem de inúmeros condiciona-

---

4. Gerd Bornheim. *Vigência de Hegel: Os impasses da categoria da totalidade*, 1981, p. 46.

mentos, escraviza-o às múltiplas determinações que seu desenvolvimento impõe. A tecnologia, que progressivamente se transforma em tecnocracia, transforma o mundo, transformando, nesse processo, também o homem[5]. De outro lado, o capital — que, por sua vez, não está desvinculado do progresso da tecnologia, mas encontra-se em íntima relação com este —, que impulsiona a produção, sem levar em conta as necessidades de consumo, mas, sim, visando à sua acumulação, em um processo no qual a humanidade do homem não somente é esquecida, mas oprimida e eliminada. A apropriação da natureza, por meio da ciência e da técnica, pela classe dominante, não se dá de um modo universal, consciente e voluntário, mas, sim, por meio do imperativo do capital, que busca sua expansão à custa da exploração das classes trabalhadoras. A classe dominante, por outro lado, luta para não abrir mão do poder que a cerca de privilégios em todos os âmbitos da vida social, mesmo causando a desumanização das classes dominadas.

Na sociedade capitalista contemporânea, a economia parece ser realmente o fator totalizador que estrutura o real, que está na base de todas as realizações humanas. Embora essas não se reduzam simplesmente a esse fator, estão sempre, de uma maneira ou de outra, a ele relacionadas, assumindo esse, um caráter unificador e onipresente nos diversos universos menos abrangentes e no espaço singular de cada indivíduo. As formas de economia mercantil e a racionalidade tecnológica penetram em todas as instâncias da vida humana, determinando ao homem sua forma de ser, ordenando sua hierarquia de valores conforme suas leis. Produtividade, cálculo, racionalização e acumulação são os valores prioritários na práxis vital dos indivíduos e dos grupos sociais. Obter lucro e vantagens pessoais torna-se o objetivo mais premente de uma grande parte da humanidade. Há uma ruptura entre os

---

5. Gerd Bornheim. *Metafísica e finitude*, 1972, p. 103.

valores que permeiam a esfera pública e a esfera privada do homem contemporâneo, causando uma cisão em sua personalidade, sendo que os valores de altruísmo e solidariedade entre os homens ainda são, de certo modo, salvaguardados nas relações familiares ou de amizade, que não estão sujeitas à ação imediata das relações de mercado[6].

O "projeto" de mundo que está implícito na sociedade contemporânea e que impulsiona o curso de história é o "projeto" de grupos dominantes, que possuem o poder do capital, ao mesmo tempo que também estão a ele subordinados. A esfera política, embora não se constitua numa representação imediata da esfera econômica — pois possui espaços, ainda que precários, para a luta democrática —, tornou-se, no capitalismo contemporâneo, um fator de sua legitimação e estabilização. Isso ocorre por meio de uma política estatal de compensações que, "promovendo" o progresso e o bem-estar coletivo, procura evitar o conflito de classes, mascarando as relações de poder[7]. Essa afirmativa carece, entretanto, de validade se aplicada a países do Terceiro Mundo como o Brasil, por exemplo, onde as diferenças entre as classes sociais são por demais marcantes, e o proletariado vive em condições precárias de trabalho, moradia, alimentação, educação e saúde, não conseguindo o Estado promover seu "bem-estar", nem lhe proporcionar as mínimas condições dignas de sua humanidade. O Estado, nesses países, encerra em si graves contradições: tenta em vão alcançar o equilíbrio entre o interesse do capital internacional — procurando abafar os conflitos — e as necessidades básicas do povo, de cujo atendimento depende a continuidade do sistema.

Na sociedade contemporânea, a experiência da totalidade é de uma totalidade que paira acima do indivíduo e sobre a qual ele não possui controle. Não tendo o indivíduo uma participação criativa no evoluir

---

6. Lucien Goldmann. *Dialética e cultura*, 1979, p. 120.
7. Veja: Juergen Habermas. *Técnica e ciência como ideologia*, 1987.

dessa totalidade, o sentimento de impotência o conduz a um distanciamento do significado real das coisas. A maior parte da humanidade vive alienadamente, sem compreender seu mundo. Lida com as coisas do mundo, os objetos, as pessoas ou os acontecimentos, como se fossem fenômenos isolados, sem conexão com um todo mais amplo, perdendo esses seu sentido real e adquirindo um significado estritamente particular, fundado em interesses individuais ou coletivos. Kosik diz que o homem, na sociedade capitalista, vive no mundo da "pseudoconcreticidade", no qual "o complexo dos fenômenos que povoam o ambiente cotidiano e a atmosfera comum da vida humana (...), com sua regularidade, imediatismo e evidência, penetram na consciência dos indivíduos agentes, assumindo um aspecto independente e natural"[8]. A práxis dos indivíduos, na sociedade contemporânea, é uma práxis fragmentária, destituída de conteúdo real efetivo. Ela perdeu o sentido de sua direção, que é a humanização do homem ao longo do processo histórico. Manipulando coisas com fins imediatistas, o homem submerge numa práxis fetichizada e movimenta-se nesse mundo de aparências como se fosse o mundo real.

A consciência das ambiguidades e contradições do mundo em que vivemos, em sua complexidade, leva-nos a questionar se existem esperanças de o homem ser capaz de modificar o rumo da história e organizar sua vida social de forma racional.

A totalidade, como afirmamos acima, é uma totalidade histórica e, portanto, aberta e em constante modificação. Da abertura da consciência humana ao desvelamento da realidade, em suas raízes concretas e históricas, e do seu engajamento numa práxis transformadora, surge o movimento que busca modificar essa totalidade e restituir ao homem sua natureza social. Não se trata de um movimento exclusivo da classe operária — embora não se duvide da importância do

---

8. Karel Kosik. *Dialética do concreto*, 1976, p. 11.

seu papel histórico —, mas de todos aqueles grupos alternativos, cujas necessidades humanas fundamentais não são satisfeitas e, por isso, como novas forças políticas, buscam sua emancipação e lutam para modificar as circunstâncias. Esse movimento surge de todos os lados, como um sinal dos tempos: o homem toma consciência de si mesmo como um ser histórico e começa a crer em seu poder político para transformar as circunstâncias que o rodeiam. A época moderna surgiu quando o homem adquiriu a consciência do poder de sua razão para transformar a natureza. Na época contemporânea, o homem, de uma forma crescente, assume a consciência de seu poder de transformar a vida social. Assim, o movimento de humanização do homem pode tornar-se o fator totalizante que impulsionará o sentido da história, pois a transformação do mundo só se dará com a transformação dos homens e das relações estabelecidas entre eles. Esse movimento que já se faz incipiente em nosso mundo — como podemos observar em diversos movimentos alternativos dos trabalhadores, dos sem-terra, das mulheres, dos negros e de defesa do meio ambiente etc. — apesar das contradições que nele habitam pode crescer e torna-se determinante no curso dialético da história. A busca de verdade — emancipando a ciência das raízes ideológicas que a subordinam ao poder, e integrando a técnica a um projeto de humanização do homem —, de justiça — transformando as condições materiais e espirituais, para que todos os homens possam realizar sua essência genérica — e de liberdade — livrando o homem da opressão e permitindo sua participação criativa no processo de construção da vida humano-social — pode tornar-se o princípio orientador da práxis, o fim a atingir, do qual, dentro das nossas limitações, gradativamente podemos nos aproximar.

  A transformação do homem e do mundo é uma transformação histórica, que se radica nas condições concretas da existência, na qual se processa a história. A essência humana é, assim, imanente à relação homem-mundo. Mas uma imanência que não exclui a transcendência. A ação transformadora do mundo implica uma capacidade de transcendência, um agir criador do mundo — um agir que engendra sentidos, atribuindo significados às coisas mundanas. A práxis humana não é, assim, uma práxis determinada, mas imbuída de sentido, que não se reduz nem subjetividade nem objetividade, mas resulta do encontro desses dois polos, ao mesmo tempo que os instaura. A razão humana, ao mesmo tempo que é uma razão situada, isto é, uma razão encarnada, que pensa a partir das condições concretas da existência, tem o poder transcendental de abrir-se para o ser das coisas, pois a própria ação implica um reconhecimento do não Eu, sem o qual ela não seria possível. Na práxis humana, está implícita, assim, a ideia de verdade, que se oculta na aparência dos fenômenos com os quais lidamos dia a dia — sendo, assim, abertura para o ser —, e de liberdade, que significa a superação no ato criador. A abertura para o ser inclui a abertura para o outro, para o reconhecimento do seu ser como não Eu. Na afirmação do ser do Outro está a possibilidade de reconhecê-lo como portador de necessidades que buscam também a sua satisfação. O reconhecimento da densidade ontológica do Outro é o fundamento ético que dá à ideia de justiça o caráter transcendental.

    O movimento de tensão dialética, que se revela na práxis criativa e encerra os dois polos do ser — consciência e mundo —, parece buscar uma aproximação dos dois, uni-los numa síntese, em que a subjetividade se torna mais rica, mais plena, quanto mais se aproxima da verdadeira realidade das coisas, e os objetos mais ricos, quanto mais humanizados. Assim, tornamo-nos mais humanos, quando somos capazes de abrir-nos à realidade — desvelando a verdadeira essência oculta na aparência dos fenômenos — e nela objetivarmos nosso ser na ação criadora; e a realidade concreta torna-se mais verdadeira, quanto mais tiver um sentido humano, abrigando em si a realização de um projeto que tenha uma validade intersubjetiva, abrangendo a humanidade com um todo. Como nosso ser não está dissociado das coisas do mundo, mas, sim, constitui-se a partir delas, conhecer a realidade e agir sobre ela implica não só uma aproximação dessa realidade, mas também do próprio Eu, a fim de compreender as raízes históricas de nossa forma de ser, as ideologias e as formas de sentir que se sedimentaram em nós ao longo de nossa vida. A destruição da alienação, o desvelamento das relações fetichizadas dos homens entre si e com a natureza, desvendando a realidade em sua verdade histórica, por meio de uma práxis transformadora, constitui a mensagem fundamental do marxismo.

A Educação Física como educação, como uma prática que pretende agir sobre o homem transformando-o, só tem sentido se for compreendida como um momento da totalidade concreta. Isso significa compreender, no fenômeno educativo, sua dimensão histórico-social. A Educação não é, assim, um fenômeno isolado, mas, sim, encontra-se estreitamente vinculada a outros fenômenos e só pode ser compreendida por meio do movimento de desvelamento de suas múltiplas interconexões.

A liberdade humana — O homem é cercado por limites de toda ordem. A sua própria natureza biológica desenvolve-se dentro de limites impostos pela espécie e pelo seu próprio código genético. As realizações humanas de natureza material ou espiritual são limitadas pelas circunstâncias que envolvem a realidade humana, que variam desde imposições inerentes a condições biológicas, geográficas, climáticas etc. até determinações históricas, de ordem social, política e econômica. Os condicionamentos e as limitações, com que o homem se defronta, desde o seu nascimento, são inerentes ao seu ser e uma decorrência de sua condição de ser-no-mundo.

A existência de limites não exclui a possibilidade de se falar em liberdade humana, desde que não afirmemos uma liberdade absoluta, mas, sim, relativa e contingente. Nada do que se refere ao homem pode ser tomado em termos absolutos, pois a contingência é inerente a sua condição. A ambiguidade faz parte de seu ser. Assim, ser livre e ser limitado, ao mesmo tempo, não encerra em si um absurdo, pois o paradoxo e a contradição habitam o ser do homem.

O animal não possui liberdade. Seus atos adaptativos inscrevem-se no *a priori* da espécie, não são resultantes de uma opção pessoal. O animal também vive numa situação aberta em relação ao mundo, mas as modificações que ocorrem na sequência de seus atos não são fruto de um reconhecimento da situação, mas, sim, resultantes de um processo, cujo desencadeamento lhe é desconhecido. O animal não tem consciência de um fim a ser atingido. O homem é projeto. Pela presença do espírito é capaz de transcender o contorno da situação, refletir, e, a partir de suas reflexões, tomar decisões racionais.

Falar em decisões racionais não significa afirmar que as decisões sejam tomadas por uma razão que existiria dissociada do homem como um todo, por uma razão que sobrevoaria livre sobre os objetos do mundo, julgando-os desde fora. A liberdade diz respeito ao homem como uma totalidade, vivendo uma situação concreta. O que caracteriza, então, a liberdade do ponto de vista da vivência subjetiva? Liberdade significa, nesse sentido, a possibilidade do homem de agir sobre si mesmo. Liberdade interior é a possibilidade aberta ao homem de relacionar tudo o que nele é acidental, isto é, que procede de dialéticas parciais, com a significação total de sua vida, assimilando-o e centrando-o na sua vida profunda[9]. As particularidades corporais irremediáveis, como deficiências, doenças etc., podem ser integradas a sua maneira de ser, e, em vez de se constituir em causa de escravidão, podem ser ocasião de uma maior liberdade. A unidade pode parecer, entretanto, não ser um critério suficiente para determinar o momento da liberdade. Um indivíduo pode ser dominado por um mecanismo psicológico, um sentimento de inferioridade, por exemplo, e submeter toda sua conduta a esse mecanismo, evitando as situações em que sua conduta estaria ameaçada de desorganização. Alcança, desse modo, uma pseudo-unidade, que consiste em ser obtida por um estreitamento do campo de experiências do

---

9. Maurice Merleau-Ponty. *Estrutura do comportamento*, 1975, p. 236.

indivíduo, que se torna escravo de seu complexo. A verdadeira unidade,como afirma Merleau-Ponty, não pode ser obtida por um estreitamento do meio[10]. A ampliação do campo de experiências que permite ao indivíduo reestruturá-las, abrindo-se para novas significações. A unidade se da quando a dialética da ordem física — que envolve as relações do homem com o sistema de forças físicas que agem sobre ele — e a dialética vital — que envolve o homem como organismo vivo em suas relações com o seu meio — estão integradas na terceira dialética — a ordem humana da consciência —, com a qual se identifica inteiramente o homem. Afirmar a unidade significa que não operam no indivíduo sistemas de conduta isolados e independentes[11].

Liberdade significa a possibilidade de integrar os limites de ordem física e os limites de ordem vital à totalidade dialética consciência-corpo, transformando esses limites e ultrapassando-os, num projeto existencial que vincula o homem a seu mundo. Assim, a ação humana será tanto mais livre quanto mais o indivíduo conseguir superar suas próprias contradições, assimilando-as em um nível superior de integração. Ser livre é — no engajamento em um projeto existencial, com suas múltiplas exigências internas e externas — ser movido pela determinação de uma força interior, que seja mais forte que os condicionantes externos. Essa força interior é a expressão de unidade e coerência internas. A liberdade interior está, assim, relacionada ao nível de integração de nossas experiências, nossa capacidade de ligá-las à significação profunda de nossa vida, ao sentido que a transpassa, ao projeto existencial que a ilumina.

A liberdade interior é uma conquista consciente do homem, uma busca que não cessa nunca, mas se renova sempre em novas situações. Uma opção feita em um determinado momento abrange também os momentos

---

10. *Ibid.*, p. 236.
11. *Ibid.*, p. 236.

seguintes, pois envolve um engajamento na consecução de um projeto, algo a perseguir. Por isso, como diz Merleau-Ponty, para um ato ser livre," é necessário que haja uma tendência do espírito (...) a nossa escolha verdadeira é a de nosso caráter inteiro e de nossa maneira de estar no mundo"[12].

A liberdade é sempre liberdade de um homem situado no mundo, vivendo uma determinada situação concreta. Assim, todo ato de liberdade se insere em determinadas circunstâncias existenciais históricas que o possibilitam ou o cerceiam. Podemos falar, nesse sentido, em liberdade objetiva. A liberdade objetiva refere-se à relação do homem com os condicionamentos mundanos. Esses são, em muitas situações existenciais, tão determinantes, que sobram ao homem poucas possibilidades de ação livre. Em outras circunstâncias históricas, o homem tem mais condições de exercer sua liberdade criativamente, parecendo orientar sua vida pessoal e social de uma forma racional.

Pensamos que o homem — como ser corpóreo e espiritual — possui a possibilidade inerente de transcendência. Na trama de condicionamentos que cerceiam a ação humana, há no homem sempre um mínimo de subjetividade, um mínimo de consciência para lhe permitir ver além dos limites, examinar criticamente as circunstâncias e orientar sua ação de forma racional. Como diz Fiori:

> Nem a mais feroz dominação é capaz de coisificar totalmente o homem: sempre há de lhe sobrar um mínimo de subjetividade para integrar, funcionalmente, o sistema da dominação. Desde aí, essa pequena faixa de luz, de subjetividade, poderá passar pelas brechas estruturais do sistema, crescer, fazer-se consciência crítica e práxis libertadora. Esta é a condição de possibilidade de desalienação[13].

---

12. Maurice Merleau-Ponty. *Fenomenologia da percepção*, 1980, p. 441.
13. Ernani Maria Fiori. *Conscientização e educação*, 1986, p. 6.

O homem não é, assim, um objeto à mercê de leis deterministas que lhe são exteriores. Embora sofra a ação de seu meio, pode tentar sobrepor-se a ele e lutar para ser sujeito agente de sua história. "Não há, nunca, pois, determinismo e, nunca, escolha absoluta, nunca sou coisa e nunca consciência nua"[14]. No espaço de sua atuação, nos diferentes universos em que habita, o homem pode encontrar uma brecha para inserir-se no movimento da história e lutar por sua humanização. O momento da liberdade surge quando o indivíduo começa a desvelar a verdadeira essência da realidade social, em suas raízes históricas, desvelamento esse que não está desligado de sua atividade prática, mas nela se sustenta e se realiza. Liberdade, nessa perspectiva, significa abertura para o ser.

Somente a possibilidade de uma consciência crítica justifica a ideia de Marx de um sujeito revolucionário que, transformando o mundo, recria, a cada momento, sua essência genérica. Essa essência não é uma essência abstrata, mas uma conquista histórica. É projeto e realização prática.

Gostaríamos de esclarecer, aqui, que a ideia de transcendência, em sua abertura para o ser, não implica a afirmação de uma consciência constituinte do mundo, o que reduziria o mundo a ser uma mera representação. É uma transcendência que não exclui a imanência, pois o homem é uma subjetividade encarnada, que está condicionada a determinações internas e externas. A liberdade, como ato humano existencial, surge da relação dialética da liberdade, subjetiva com a liberdade objetiva.

Podemos nos perguntar, neste momento, o que isso tem a ver com a Educação Física? A Educação Física, partindo do movimento corporal, envolve o homem como uma totalidade, não podendo, assim, ignorar a problemática da liberdade. A sua prática pedagógica pode ser um meio de levar o aluno a uma maior liberdade subjetiva,

---

14. Maurice Merleau-Ponty. *op. cit.*, p. 456.

possibilitando a ele ampliar seu campo de experiências e integrar suas condutas corporais em um nível superior de integração; a incentivá-lo na conquista de liberdade objetiva, levando-o a desenvolver a consciência crítica e a vivenciar o sentido da responsabilidade social.

O Eu e o Outro e o problema ético — O homem não existe isolado dos outros homens. Por sua natureza, o homem é um ser social. Mesmo que se isole em uma ilha, distante do convívio de outros homens, na sua forma de lidar com o mundo e no seu próprio pensamento está a marca do caráter social de sua existência: a própria linguagem, com a qual estrutura seus pensamentos, é uma dimensão criada pelo homem para comunicar-se com os outros e aprendida numa situação intersubjetiva. Possui, em si mesma, um fim social e sua aquisição somente pode ser feita em uma situação social.

O homem não subsiste sem os outros, e tudo o que constitui seu mundo é produto da atividade de homens que o precederam e fizeram do mundo um mundo humano. No âmbito de sua ação no mundo, ele coexiste com outros homens e possui, em relação às pessoas com as quais convive, sentimentos de amor, ódio, reconhecimento, desprezo, indiferença, respeito, comiseração etc. O Outro está, sobretudo, frente ao homem como um outro Eu, que também possui um mundo pessoal e uma forma específica de relacionar-se com o mundo, de pensar, sentir e nele realizar projetos. Cada um é o centro de seu mundo, que, no entanto, é um mundo aberto para a realidade e aberto para o Outro. A forma de o homem relacionar-se com a realidade em geral difere, de certo modo, da forma de o homem relacionar-se com o Outro. O Outro eu conheço pela própria experiência de ser eu mesmo. Posso captá-lo diretamente desde a sua interioridade, sentir seus sentimentos e compreender o que ele pensa.

Duas atitudes fundamentais diante do Outro podem ser assumidas pelo homem, dando origem a dois tipos de relações, que não existem de forma pura: a relação Eu-Objeto e a relação Eu-Tu. A relação Eu-Objeto reflete a atitude do homem diante do Outro, em que este é visto não como uma realidade independente do Eu, mas como um objeto, mercê do próprio Eu, de suas fantasias e de seus sentimentos e objetivos particulares. Na relação Eu-Tu, há um verdadeiro encontro, em que o Outro é visto em sua identidade própria, como também um Eu que possui suas próprias aspirações, seus próprios objetivos, sentimentos e uma história pessoal que constitui sua maneira peculiar de ser-no-mundo. A relação Eu-Objeto empobrece o homem, enquanto a relação Eu-Tu — em que se dá o encontro entre duas identidades diferentes — abre o homem para a compreensão do Outro como uma entidade que existe por si mesma e na qual se reflete, sem, contudo, com ela confundir-se. Ao captar o Outro em sua verdade, a verdade do Eu se revela, este se compreende e se aceita. A relação Eu-Tu atinge sua plenitude no sentimento do amor, que envolve a pessoa como uma totalidade corpóreo-espiritual. O ato de amor que se estende à humanidade como um todo significa a inserção do homem em um projeto que transcende as relações interpessoais: a humanização do próprio homem.

 Na relação diante do mundo e do Outro está o fundamento da atitude ética: ver o Outro não como um objeto, mas como o centro de seu próprio mundo; ser capaz de captar o projeto existencial que o move, e a sua forma de engajar-se no mundo. A atitude ética diante do Outro envolve dois momentos: o reconhecimento do ser peculiar do Outro e também a busca de sua integração no projeto mais amplo, que envolve a concepção do homem como um ser social, histórico, que realiza sua essência genérica na construção de um mundo humano.

 Para organizar a vida social, o homem instituiu, ao longo do processo histórico, normas de conduta que orientariam suas ações. Todas as determinações éticas, institucionalizadas ou não, deveriam encontrar seu fundamento no valor do homem como pessoa, isto é, nas várias dimensões de uma vida pessoal que é única, mas que se ultrapassa numa práxis, em um mundo compartilhado com os outros.

Na sociedade moderna, esses valores, de maneira geral, quando existentes, realizam-se concretamente apenas no nível das relações interpessoais mais próximas. O egoísmo, a dominação e a opressão tornaram-se valores preponderantes na esfera social e impregnam a aplicação do conjunto de normas morais que sociedade, ao longo de sua evolução, instituiu para a organização da vida social. Valores como a liberdade, a justiça e a verdade, que deveriam se constituir no fundamento e no apoio de toda a ética individual e social, na sociedade capitalista perdem seu sentido, pois são vistos sob o imperativo do capital e sob as relações de dominação que ele, como sistema, legitima. Assim, de uma maneira geral, "liberdade" torna-se o privilégio de uma minoria; "verdade", a verdade dos que detêm o poder, e "justiça" significa a defesa dos direitos de uma minoria opressora.

A ética fundamentada nesses valores e ancorada na essência humana genérica busca fazer-se presente na construção da história e concretiza-se no projeto existencial daqueles que, de uma maneira ou de outra, lutam pela transformação das condições materiais e espirituais da existência, pela humanização do homem e da vida social.

A Educação Física deve estar atenta para a formação do homem como um ser ético, que seja capaz de orientar suas ações em função de valores que ultrapassem seus desejos e interesses individuais e possuam validade intersubjetiva. No âmbito de seu trabalho como educador, por meio de métodos e conteúdos a serem desenvolvidos com os alunos, o professor de Educação Física tem inúmeras possibilidades de oferecer-lhes experiências em que eles possam adquirir um código ético, dentro de uma vivência da responsabilidade de suas ações diante do Outro que lhe está próximo, e diante da realidade social como um todo.

Realização pessoal e o problema social — O homem é pessoa. Conforme Fullat:

> A pessoa não é uma entidade estática, repleta de valores desde a eternidade, que vale à margem de sua

atividade social, porém tampouco o simples reflexo de relações sociais específicas. Se destas últimas surgem valores concretos é porque há algo no ser humano que possibilita que este seja sujeito de valores (...). O homem é pessoa — possibilidade de valer — e, por sua vez, personalidade — o que chegou historicamente a valer[15].

O homem possui, assim, um valor em si e um valor social, que não estão dissociados, mas, sim, um compreende o outro, numa tensão dialética. Sua vida é um movimento dialético em busca da unidade, da identidade consigo próprio e da realização pessoal. Nesse sentido, o homem é um valor em si. Esse valor adquire sua plenitude de sentido na medida em que o homem supera o individualismo e reconhece sua natureza social. Assim, o homem realiza sua natureza social, quando busca sua autorrealização, de forma a promover a humanização dos outros homens.

Promover a humanização do homem significa inserir-se no movimento da história, engajando-se numa práxis que busca, para todos os homens, condições para que possam desenvolver suas potencialidades, realizando efetivamente sua essência genérica, cujos componentes são, para Marx, "o trabalho (a objetivação), a socialidade, a universalidade, a consciência e a liberdade"[16]. Esses componentes são possibilidades que só se tornam reais se as condições sociais o permitirem. A busca dessa realização, como um projeto consciente que poderia modificar o rumo da história, não constitui um caminho linear e claro, mas, sim, pleno de dificuldades, estagnações e lutas.

Promover a humanização do homem é buscar condições para que ele participe criativamente na vida de sua

---

15. Octavi Fullat. *Filosofias de la educación*, 1978, p. 416. Escolhemos a definição de Fullat, por ser uma forma que sintetiza aspectos importantes do conceito de pessoa, dentro da corrente do personalismo. Reconhecemos, no entanto, com Mounier — que prefere estabelecer as estruturas do universo pessoal, a reduzir esse conceito a uma definição —, que ser "pessoa" é uma experiência rica, inesgotável, pois "nada que a exprime a esgota, nada que a condiciona a escraviza" (E. Mounier. *O personalismo*, 1964, p. 19).
16. Agnes Heller. *O cotidiano e a história*, 1972, p. 4.

comunidade, procurando alcançar liberdade pessoal e política. Essa participação criativa envolve um aprimoramento de suas possibilidades físicas e espirituais e um ato de comprometimento moral com a sociedade em que vive, no sentido de fazê-la mais livre, mais justa e mais verdadeira para todos os homens. O novo homem luta para ser sujeito de sua própria história, que é a história da humanidade, em que cada indivíduo e cada povo não são vistos isoladamente. A dialética do individual e do social encontra sua superação no momento em que o projeto individual se funde com o projeto político de renovação da sociedade. Isso significa que a busca de maior liberdade, pela superação das necessidades materiais e espirituais pela ciência e pela técnica, carece de sentido, se não for estendida à humanidade como um todo. Essa perspectiva abrange também o futuro, assim, o novo homem preocupa-se em criar condições de enriquecimento material e espiritual para as futuras gerações, preservando seu ambiente natural e cultural. O novo homem participa integradamente de sua época histórica, buscando a promoção de condições de liberdade e crescimento para todos os homens. A criação do novo homem não é o resultado de uma força mágica, é um processo lento e difícil, que exige a participação de todos os setores da sociedade. O novo homem, como diz Suchodolsky, "cria-se através de uma ação mancomunada consciente e difícil, ao contrário dos processos espontâneos da história"[17].

Todo o esforço educativo da e, assim, a Educação Física — deve estar engajado numa práxis que vise à construção histórica de um mundo mais humano, em que os homens possuam autonomia e liberdade para autorrealizar-se e ser sujeito de sua história social.

A linguagem — A linguagem é uma dimensão unicamente humana. Só o homem é capaz de comunicar-se por meio de símbolos linguísticos.

---

17. Bogdan Suchodolski. *La educación humana del hombre*, 1977, p. 103.

A linguagem tem uma natureza ambígua: de um lado, possui uma natureza objetiva — é um conjunto de símbolos que designa objetos, nomeia coisas, ações, sentimentos e intenções humanas. Suas regras, isto é, a forma como os sinais se articulam, permitem a configuração de uma ideia. De outro lado, a linguagem tem uma existência real: torna-se palavra, quando alguém, com ela, estrutura os pensamentos e comunica-se. Nesse sentido, a linguagem é algo que passa a fazer parte do próprio ser do homem. A criança aprende a linguagem, sem tomar consciência de suas regras, mas, sim, incorpora-a e, por meio dela, um novo sentido passa a habitar as coisas de seu mundo.

A expressão do homem pela linguagem revela a profunda unidade corpo-espírito. Contendo em si a possibilidade de abstração do espírito humano, que formula conceitos universais, é também corporeidade, pois sua realização se dá com intensa participação do corpo, existindo todo um conjunto de funções corporais que a tornam possível. O que nos faz, no entanto, afirmar a linguagem como expressão da unidade do homem radica-se no fato de que a linguagem é articulação de sentido, e o sentido diz respeito ao homem como uma totalidade. A palavra revela a intenção que o liga às coisas do mundo, e essa intenção não envolve uma consciência pura, que paira absoluta sobre o mundo das coisas. A palavra desvela uma subjetividade encarnada, uma forma concreta de o homem ser e relacionar-se com seu mundo. A palavra não é, portanto, um conjunto de símbolos que expressam, de forma exterior, um pensamento, mas é o ser do próprio pensamento e do sentido que o habita. Como expressa Merleau-Ponty: "... a palavra, longe de ser o simples sinal dos objetos e da significação, habita as coisas e veicula as significações"[18]. Não existe um pensamento que se configura e depois se expressa por meio da palavra, mas, sim, o próprio pensamento realiza-se na

---

18. Maurice Merleau-Ponty. *op. cit.*, p. 188.

palavra, estabelecendo-se entre os dois uma relação de interioridade. A palavra, vinculada a uma situação existencial, ultrapassa o conceito que objetivamente expressa, e torna-se a revelação de um momento único. A palavra não é, assim, somente um sinal que expressa um conceito, mas vibração de sons, tonalidade, modulação, vida. Também o corpo, em suas formas, ritmos e gestos, é linguagem para si e para o outro. Ambos, corpo e linguagem, articulam-se na expressão e na comunicação, e é nessa unidade que a autenticidade da expressão encontra sua verdade. A inautenticidade de uma comunicação linguística, na qual o homem não participa como ser total, revela-se em sua corporeidade, no tom de voz, no olhar, na postura, no gesto incontido.

Merleau-Ponty, referindo-se ao fato de podermos falar sobre a palavra, o que não ocorre por exemplo com a pintura, afirma a existência de um privilégio da Razão[19]. Isso, no entanto, não deve ser compreendido como uma razão soberana sobrevoando o mundo. A linguagem, ao mesmo tempo que é a expressão mais alta do espírito, é a maneira de o homem existir no mundo como ser sensível. O sentido das coisas do mundo, em que habita como ser concreto, transborda o sentido dos conceitos. A palavra, ao mesmo tempo que traz em si a permanência de um sentido compartilhado intersubjetivamente, renova-se em cada momento, criando um novo sentido. Como expressa Merleau-Ponty:

> É necessário, pois, reconhecer como um fato último esta força aberta e indefinida de significar — quer dizer, ao mesmo tempo, apreender e comunicar um sentido —, pela qual o homem se transcende, em direção a um comportamento novo ou em direção ao seu próprio pensamento por meio de seu corpo e de sua palavra[20].

A peculiaridade da linguagem, em relação às outras formas de expressão da realidade humana, consis-

---
19. "Não se pode pintar sobre a pintura", *ibid.*, p. 200.
20. *Ibid.*, p. 204.

te em ser fundamento da intersubjetividade e sedimentar o mundo da práxis inter-humana. A linguagem é o lugar da confluência do individual com o social. É o elemento de articulação da minha interioridade com a interioridade do Outro. Por meio dela, o homem assume-se como ser social. É também uma forma de o homem ultrapassar, de certo modo, sua temporalidade e sua espacialidade, pois, pela linguagem, posso comunicar intenções futuras e realizações possíveis, como também comunicar-me a distância.

Seria muito longo enumerar todas as significações que a linguagem tem para a vida do homem. É importante destacar, aqui, sua importância na instauração do mundo cultural e na organização da vida humana em sociedade de forma racional.

A linguagem é uma dimensão humana de importância fundamental na transformação da sociedade. Esse aspecto foi estudado com profundidade por Habermas[21], que vê, na comunicação, a possibilidade de chegar a um consenso, permitindo ao homem a reestruturação de todas as instâncias da vida social, por meio da explicitação e da criação de normas, expectativas e valores. O entendimento pela linguagem — que ainda sobrevive na interação privada, mas que foi substituído na esfera pública por uma razão instrumental — pode ser resgatado, possibilitando à ação comunicativa gerar transformações, com o objetivo de promover a emancipação do homem. A verdade surgiria do diálogo sem coação, do discurso depurado de ideologias, sendo a verdade de uma determinada situação concreta, a verdade obtida pelo consenso. Assim, a linguagem, possibilitando a ação comunicativa, é uma forma da práxis humana com um grande potencial transformador na luta pela libertação do homem.

---

21. Veja em: Juergen Habermas. *Consciência moral e agir comunicativo*, 1989; *O discurso filosófico da modernidade*, 1989, pp. 351-386; *Técnica e ciência como ideologia*, 1977; Bárbara Freitag. "Introdução". In: *Habermas*, 1970; *A teoria crítica ontem e hoje*, 1986.

Para a Educação Física, é de fundamental importância a compreensão do problema da linguagem, para que um dos seus objetivos possa ser a articulação do gesto com a palavra, buscando a harmonia do ser humano.

A unidade do homem — Na unidade dialética da experiência de ser-no-mundo, podemos focalizar o momento da experiência da interioridade. Nessa experiência, o homem percebe a si mesmo como uma unidade e como possuindo uma identidade que permanece por meio do tempo e das mudanças. Em todas as nossas experiências, pensamos, sentimos e agimos, ao mesmo tempo que intuímos que essas três formas de ser emergem de uma única origem: o nosso Eu.

A experiência da unidade nos leva a pensar no homem como uma totalidade — uma entidade idêntica a si mesmo, mas, ao mesmo tempo, mutável —, que integra os sentimentos, os pensamentos e as ações. Nessa totalidade, não há distinção de corpo e espírito — ela está além dessa distinção e engloba as diferentes manifestações corpóreo-espirituais do ser humano, tanto em nível consciente quanto inconsciente. Não existe, assim, pensamento separado da ação e de sentimentos, nem ação sem pensamento e sentimento. Estão sempre presentes em todas as manifestações da vida humana, sendo possível separá-los apenas funcionalmente. "Sentir significa estar implicado em algo. Tal implicação (...) é parte estrutural inerente da ação e pensamento e não um mero acompanhamento".[22]

É o homem, como uma unidade, que pensa, sente e age. Afirmar o homem como unidade não significa negar a existência de pensamentos, sentimentos e ações contraditórios. Não significa, tampouco, que o homem possa ser compreendido separado do mundo, pois, como já afirmamos anteriormente, ele coexiste dialeticamente com o mundo. Essas dimensões da vida humana não se separam do mundo, mesmo quando voltadas para o Eu.

---
22. Agnes Heller. *Teoría de los sentimientos*, 1982, p. 23.

A totalidade do homem, que se intui nas manifestações do seu ser, não é, assim, nem puramente espiritual, nem puramente corporal. Merleau-Ponty compreende as relações entre corpo e alma, ou melhor, entre "matéria, vida e espírito" — os "três planos de significações ou três formas de unidade" — como relações dialéticas[23]. A ordem da matéria e da vida possui suas dialéticas próprias, que estão integradas na ordem humana da consciência, que se constitui não "como uma terceira ordem superposta às outras duas, mas como sua condição de possibilidade e seu fundamento"[24]. Isso exclui qualquer explicação causal da alma agindo sobre o corpo. O corpo humano, embora pertencendo, por um lado, à ordem da matéria e da vida, por outro lado, está integrado em um nível superior ao da vida, à terceira dialética, com a qual se identifica o homem. O homem, nessa perspectiva, é compreendido como uma totalidade dialética que traz em si fenômenos que encerram dialéticas parciais, da ordem física e vital, e os integra à ordem do espírito, numa unidade mais ampla, que os contém, assimila e lhes dá sentido, em função da significação total de sua vida. Como corporalidade, o homem participa da dimensão física e vital, mas não como os outros seres desses níveis, pois o homem é espírito, é consciência, sendo seu corpo, sobretudo, um corpo humano.

Com nosso posicionamento, rejeitamos tanto o monismo materialista — que reduz os fenômenos mentais a fenômenos físicos, a resultados de condições corporais — como o dualismo cartesiano — que vê corpo e espírito como duas substâncias distintas e irredutíveis entre si. Em nosso posicionamento, estão presentes tanto elementos monistas como dualistas. Há uma dualidade na unidade. Existe um certo dualismo, pois esse já se revela quando designamos matéria e espírito, corpo e alma com diferentes signos. Existe um monismo, no sentido que

---

23. Maurice Merleau-Ponty. *Estrutura do comportamento*, 1975, p. 231.
24. *Ibid.*, pp. 234-235.

afirmamos — a superação do dualismo —, no sentido de uma totalidade, de uma unidade, que é o homem. A aceitação da ambiguidade, na nossa compreensão do homem, está além de uma contradição lógica — a sua fonte encontra-se em um sentimento de humildade ante o inesgotável mistério que são a vida, o espírito e a matéria.

A experiência perceptiva — a experiência originária do homem como ser-no-mundo — revela a profunda união corpo-espírito. Pelos sentidos corporais, o homem abre-se para a realidade do mundo, ao mesmo tempo em que esse é transformado em matéria subjetiva pelo Eu que percebe. As sensações não são impressões puras. Os estímulos sensíveis não invadem indiscriminadamente o nosso Eu, mas nas sensações já está presente a subjetividade que anima o corpo, selecionando, do mundo exterior, aqueles aspectos que possuem um sentido para o indivíduo, formando sensação, percepção e ação uma unidade indissociável.

A experiência perceptiva revela a existência: na junção do Eu e do mundo, surgem o ser das coisas e o ser do homem. O Eu é um Eu encarnado, vivendo em um corpo vivo. Assim, não há uma consciência pura constituinte do mundo: anterior à consciência, está a unidade do homem, que é subjetividade e corpo — totalidade aberta ao ser das coisas por meio do corpo. O corpo reflexionante, esse corpo que sente e percebe, Merleau-Ponty designou por "corpo próprio"[25] e, mais tarde, por "carne"[26]. Corporeidade e mundo encontram-se em uma região indiferenciada do ser, onde não há separação de sujeito e objeto, que é anterior ao pensamento e à reflexão, e onde se instaura o sentido das coisas mundanas.

Alma e corpo são, assim, duas formas de ser, que se revelam no homem como uma unidade. Sendo um fenômeno da ordem vital, o corpo humano está integrado à ordem do espírito. A Educação Física lida com o ser total do

---

25. Maurice Merleau-Ponty. *Fenomenologia da percepção*, 1980.
26. Maurice Merleau-Ponty. *O visível e o invisível*, 1984.

homem, realidade que ela não pode ignorar. A atividade corporal não é nunca uma atividade mecanizada, mas, sim, brota de dentro, da união substancial com a subjetividade que a anima.

A corporeidade — Afirmar que a corporeidade é a forma de o homem ser-no-mundo não implica uma negação da transcendência e imortalidade do espírito, mas a afirmação de que é impossível a existência do homem no mundo sem um corpo. "O corpo é o veículo do ser no mundo, e ter um corpo é, para uma pessoa viva, juntar-se a um mundo definido, confundir-se com alguns projetos e engajar-se continuamente neles"[27].

A natureza do corpo é ambígua, pois, ao mesmo tempo que se constitui em nossa própria presença, está também sujeito a leis físicas, fisiológicas e mecânicas, como os outros objetos do mundo, que, de certo modo, fogem a nosso controle. O corpo, entretanto, não é um objeto entre outros — como foi considerado na fisiologia clássica —, reagindo mecanicamente a estímulos internos ou externos, mas é o próprio ser do homem impregnado pela subjetividade que o anima. A fisiologia mecanicista, separando a sensação da afetividade e da motricidade, gerou um corpo autônomo, desprovido de interioridade.

Nós somos presença por intermédio do corpo — o corpo é presença, que, ao mesmo tempo, esconde e revela nossa maneira de ser-no-mundo. Essa ambiguidade do corpo é que permite a intersubjetividade. Por ser o Outro, também, uma subjetividade encarnada, que forma uma unidade com seu mundo, é que posso captar nele suas relações com os objetos, através da Einfuehlung (empatia). Posso captá-las, porque a interioridade do Outro também é exterioridade, pela visibilidade de seu corpo. "Pelo efeito de uma eloquência singular do corpo visível, a Einfuehlung vai do corpo ao espírito"[28]. O corpo é, assim, expressão e comunicação. Podemos falar em

---

27. Maurice Merleau-Ponty. Fenomenologia da percepção, 1971, p. 24.
28. Maurice Merleau-Ponty. O filósofo e sua sombra, 1980, p. 249.

uma linguagem corporal, que revela, por meio da exterioridade, a nossa interioridade: nossos pensamentos e sentimentos, ligados à situação do momento, mas trazendo consigo toda nossa história pessoal. Revela também a sociedade em que vivemos, que, ao longo do processo histórico, desenvolve diferentes formas de comportar-se corporalmente e expressar seus sentimentos e valores. A linguagem corporal, que se expressa no olhar, no riso, na expressão dos lábios, nas mãos, na postura, enfim, em toda a presença do corpo, permite uma compreensão do Outro de forma direta, sem intermédio do pensamento, uma apreensão do sentido de seu gesto e da expressão facial, de sua emoção e de seus sentimentos, de sua posição no mundo.

Ser-no-mundo com o corpo significa estar aberto ao mundo e, ao mesmo tempo, vivenciar o corpo na intimidade do Eu: sua beleza, sua plasticidade, seu movimento, prazer, dor, harmonia, cansaço, recolhimento e contemplação. Ser-no-mundo com um corpo significa ser vulnerável e estar condicionado às limitações que o corpo nos impõe pela sua fragilidade, por estar aberto a uma infinidade de coisas que ameaçam sua integridade. Ser-no-mundo com o corpo significa a presença viva do prazer e da dor, do amor e do ódio, da alegria e da depressão, do isolamento e do comprometimento. Ser-no-mundo com o corpo significa movimento, busca e abertura de possibilidades, significa penetrar no mundo e, a todo momento, criar o novo. Ser-no-mundo com o corpo significa a presença viva da temporalidade, que se concretiza, primeiramente, por um crescer de possibilidades, ao atuar no mundo, e, depois progressivamente, por uma consciência das limitações que o ciclo da nossa vida corporal nos impõe. Ser-no-mundo com um corpo significa a presença constante da ameaça de seu perecimento pela doença e pela morte.

No nosso ciclo vital — que vai do nascimento à morte —, nosso corpo se transforma, e, com ele, o nosso ser. Nossa história pessoal está, de certo modo, marcada em nosso corpo. Nos primeiros anos de vida, o contato corporal da criança com a mãe é fundamental para o desenvolvimento de um sentimento de segurança e confiança básica, que persistirá por toda a vida do indivíduo[29]. Existe, assim, uma forma de comunicação que se estabelece por meio do contato corporal e que não é explicável por processos racionais.

A unidade complexa, que é o homem, é afetada em todas as suas instâncias pela corporeidade. A corporeidade afeta, assim, o homem como ser inteligente, como ser livre, como ser ético, como ser político e como ser social, ao mesmo tempo em que ele, como ser corpóreo e sensível, é afetado por essas dimensões.

A experiência do movimento corporal revela-nos uma sabedoria corporal. Assim, o corpo sabe como movimentar-se num determinado espaço, sem que intervenha a consciência, como andar de bicicleta, dirigir automóvel ou realizar qualquer outra atividade. O corpo estabelece, com as coisas que constituem seu espaço, um campo de presença, uma relação mágica de intimidade. "O corpo próprio está no mundo como o coração no organismo: ele mantém continuamente em vida o espetáculo visível, ele o anima e o nutre interiormente, forma com ele um sistema"[30]. As coisas que nos rodeiam são, de certo modo, carregadas por nossa afetividade e ligam-se a nós como que por fios invisíveis, que são como prolongamentos do nosso corpo. Isso se percebe no fenômeno patológico da depressão — que se caracteriza pela ausência de emoções —, em que se rompe o elo afetivo entre o Eu e os objetos do mundo, parecendo que o corpo se encontra deslocado no mundo, sem ligação com as coisas, que, por sua vez, dão a impressão de estar sobrando no espaço. O homem, em seu estado normal, move-se numa conaturalidade com o espaço circundante e com os objetos que habitam esse espaço.

---

29. Eric Erikson. *Infância e sociedade*, 1971.
30. Maurice Merleau-Ponty. *Fenomenologia da percepção*, 1980, p. 210.

O movimento humano e a imagem corporal — A experiência do "corpo próprio" revela-nos sua unidade: unidade espacial e temporal, unidade intersensorial e unidade sensório-motora[31]. Essa unidade não pode ser suficientemente explicada em termos fisiológicos, pois trata-se de uma experiência de ser, de uma vivência, que não se reduz a um conhecimento. O corpo em movimento habita o espaço e o tempo, pois, como expressa Merleau-Ponty, "o movimento não se contenta em sofrer o espaço e o tempo, ele os assume ativamente, ele os retoma em sua significação original"[32]. Não existe, assim, um espaço objetivo, mas o espaço circundante forma com o corpo em movimento uma totalidade, sendo que o corpo realiza o movimento intencionado, sem que esse seja previamente representado na consciência. As sensações dos diferentes sentidos nos dão uma percepção integral do objeto, na qual não existem sensações puras, mas, sim, uma intercomunicação entre elas (por exemplo, podemos ter a sensação de ouvir o som de uma cor, ou ver a cor de um som etc.). Isso se explica somente se considerarmos os domínios sensoriais como momentos inseparáveis de uma organização intersensorial, o que aponta para uma unidade primitiva de todos os sentidos[33].

Para explicar a unidade de sensação, percepção e ação motora, correntes da Psicologia e a Psicomotricidade construíram o conceito de esquema corporal. Schilder designa esse conceito como imagem corporal e a define como "a imagem tridimensional que todos têm de si mesmos"[34], "imagem essencialmente dinâmica que integra todas as experiências perceptivas motoras, afetivas e sexuais"[35], que faz parte das estruturas psicobiológicas com as quais conta o indivíduo ao nascer,

---

31. *Ibid.*, p. 110.
32. *Ibid.*, p. 113.
33. Cassandra Rincón. *La imagen corporal*, 1971, p. 209.
34. Paul Schilder. *A imagem do corpo*. 1981, p. 5.
35. Jean Camus. *O corpo em discussão*, 1986, p. 32.

estruturas que na constante interação com o mundo exterior, vão se configurando e consolidando. A imagem corporal é, ao mesmo tempo, constante e mutável, modificando-se conforme a tarefa atual em que o indivíduo está envolvido: toma conhecimento dos objetos que o rodeiam, da posição do corpo, do espaço que os objetos e que o próprio corpo ocupam, propiciando, assim, a ação motora adequada.

A educação ou reeducação do esquema corporal constitui o objetivo primordial das técnicas psicomotoras. Nosso intento, aqui, não enfocar essa problemática, sob o prisma do conhecimento teórico ou prático transmitido por essas abordagens, mas, sim, sem ignorá-lo, ultrapassar o nível científico e desvelar sua raiz ontológica, captando seu sentido na totalidade do homem. Para esse empreendimento, inspiramo-nos principalmente na obra de Cassandra Rincón, *La imagen corporal*[36], em que a autora aborda esse tema desde uma perspectiva fenomenológica, partindo de teorias psicológicas e da psicanálise; utilizaremos, também, a terminologia adotada por ela. No conceito de imagem corporal, conforme o sentido que lhe é atribuído por Rincón, encontramos afinidade com o conceito de "corpo próprio" de Merleau-Ponty, desde uma perspectiva ontológica.

A imagem corporal, emergindo como um instrumento de hierarquia superior das estruturas psicofisiológicas, com as quais o indivíduo conta ao nascer, está presente em todas as experiências do indivíduo, em sua relação com o mundo: "Ante cada experiência, cada percepção, cada imagem ou representação, faz-se referência a 'um algo interior', que é o elo entre o corpo, suas necessidades, registros sensoriais, recordações e metas, e o objeto, que tende a ser apreendido"[37]. A

---

36. Neste excelente trabalho de Rincón, encontramos as ideias que inspiraram nossas reflexões sobre a imagem corporal.
37. Cassandra Rincón. *op. cit.*, p. 182.

imagem corporal permite que o homem penetre no mundo exterior, em uma vivência plena de representações e autorrepresentações. Assim, ela se constitui numa entidade que contém em si um microcosmo, onde se encontram nossas experiências passadas, vividas consciente ou inconscientemente, nossas relações anteriores com os objetos e as pessoas do nosso mundo, impregnadas de nossa afetividade.

Pela imagem corporal, é delimitado e definido nosso campo perceptivo, construindo-se o foco de nossas percepções. Isso supõe uma capacidade de vivência anterior de unidade com o mundo e de autoapreensão nessa relação.

À imagem corporal deve-se a regulação do tônus com que se inicia e se dá continuidade a uma ação[38], fazendo com que todo o organismo se volte para o objeto. Atua também como filtro analisador das experiências, pois antecipa a ação. Participa de cada experiência vital, selecionando a ação mais adequada ao sujeito: Ao penetrar no objeto, conhecendo-o, "indica" a qualidade afetiva da ligação com o objeto, se o indivíduo deve fugir, incorporá-lo ou projetá-lo. Conforme a penetração no objeto, se esse apresenta um caráter ameaçador para o indivíduo, aparecem os mecanismos de defesa.

Em certo sentido, nos animais, poderia se falar em uma incipiente imagem corporal mais ou menos completa. No homem, pela sua capacidade de simbolização e pela potencial consciência de si mesmo, essa adquire, entretanto, características completamente distintas — "No homem, é uma estrutura que leva, em sua semente, a imagem da consciência de si mesmo"[39]. A partir da experiência primitiva, em que não há distinção entre sujeito e objeto, o indivíduo constrói seu mundo e, ao mesmo tempo, passa a ter consciência de seu Eu, imagem corporal, desde seu início, participa dos dois

---

38. Conforme Rincón, para Schilder, o tônus já é uma ação. *Ibid.*, p. 188.
39. *Ibid.*, p. 253.

mundos: conhece a si mesmo e conhece o objeto em sua significação para o indivíduo.

Diz Schilder que nossa vida psíquica se baseia apenas parcialmente em percepções e imagens inteiramente conscientes, e que "sentimos uma direção psíquica, um impulso psíquico, uma intenção de ir em direção a um objetivo (...), que estão "em uma área em que há por um lado, o ego e, por outro lado, o objeto, o mundo"[40]. Schilder fala em uma zona de indiferenciação primária, onde se constrói propriamente a percepção, na qual não se distingue realidade interna e externa, e que seria a fonte das possibilidades criadoras do indivíduo. Essa zona de indiferenciação encontra-se vinculada ao conceito de imagem corporal.

Na abertura do indivíduo para o mundo, a imagem corporal permite um contato entre sujeito e objeto tão estreito que, referindo-se a ele, Rincón fala de uma *mimesis constructiva*[41]. Com seus mecanismos, a imagem corporal possui a capacidade de mimetizar-se temporariamente com o objeto, ocupar seu lugar transitoriamente, para obter dele a informação e modificar o ambiente e a si mesmo. A imitação aparece fundamentada na capacidade de *mimesis constructiva* da imagem corporal. A imitação é uma etapa importante do desenvolvimento, para o conhecimento de si mesmo. A e dos objetos, pois indica uma penetração no objeto, e, portanto, uma empatia por parte do indivíduo, o que aponta para uma participação ativa dele na construção do mundo. Essa capacidade de imagem corporal é que nos permite compreender como os indivíduos de uma determinada cultura assimilam os valores, as normas e as formas de sentir e agir de uma determinada sociedade de maneira tão profunda, que podemos dizer que eles os in"corpo"ram em seu ser. Os significados, os valores adquiridos desde o início da vida são os que promoverão a direção

---

40. Paul Schilder. *op. cit.*, p. 47.
41. Cassandra Rincón. *op. cit.*, p. 237.

da empatia e da imitação e adquirirão aspectos positivos e negativos, sendo aqui importante o papel da identificação.

A capacidade da imagem corporal de mimetizar-se permite o fenômeno da comunicação e da empatia, fundamento da intersubjetividade. Sua capacidade mimética é que nos possibilita viver plenamente os acontecimentos do meio: sentir, na própria carne, os movimentos de uma bailarina ou as voltas em uma montanha-russa quando alguém nos relata essa experiência[42]. Da mesma forma, é o que nos permite apreender, consciente ou inconscientemente, o sentido das expressões e dos gestos das outras pessoas, ou seja, sua linguagem corporal.

A *mimesis constructiva* está presente, em toda atividade relacional e comunicativa do homem, como afetividade e impregna os objetos do mundo exterior de significação, em função de valores adquiridos desde o início de sua vida. Afirmamos aqui a atitude construtiva do homem em sua relação com o mundo, que funda o sentido das coisas, a partir de suas experiências. A imagem corporal é um sistema aberto em sua relação com o mundo, e novas experiências levam a novas significações. Assim, podemos dilatar nosso mundo. Nessa experiência de abertura ao mundo dos objetos, a capacidade da imagem corporal de transformar-se continuamente permite aproximar-nos da vivência plena do que é o objeto. Tendo em sua semente a atitude de busca de emancipação da identificação com os objetos, a imagem corporal traz em si, potencialmente, a consciência de si mesmo como um indivíduo único e uma atitude fundamental diante do mundo, vendo-o como existindo independente de si mesmo, embora pleno de significações pessoais. A imagem corporal está, assim, na raiz do processo de formação da própria identidade. Numa atitude de autoconsciência, o objeto pode ser apreciado com maior riqueza perceptiva e como algo que tem existência independente da nossa, e não ape-

---

42. *Ibid.*

nas parcialmente, como objeto de nossas fantasias, "usado" para a projeção de nossos afetos.

A exteriorização da imagem corporal, que se manifesta na expressão, na postura, no tônus, na adequação da ação motora etc., revela a atitude do indivíduo diante do mundo. Se o indivíduo fecha-se para si mesmo e para o mundo exterior, a sua imagem corporal, deformada no impedimento de abrir-se aos objetos, apresenta características de "couraça caracteriológica", de que fala Wilhelm Reich[43]. No quadro patológico da histeria de conversão, observa-se também uma modificação plástica da pessoa, plasmada na deformação da imagem corporal[44]. Quando há separação nítida do sujeito e do objeto, essa pode ser observada numa postura corporal que mostra rigidez, inexpressividade, ausência de espontaneidade e movimentos mecanizados. A imagem corporal aberta ao mundo dos objetos revela-se numa postura corporal em que se percebe o corpo como que integrado em seu ambiente, participando dos ritmos circundantes. Nos casos patológicos, em que a unidade da conduta é obtida por um estreitamento do meio, o indivíduo, cada vez mais, fecha-se no seu próprio Eu, reduzindo seu espaço vital e, inclusive, sua capacidade perceptiva, limitando sua possibilidade de ação. Como expressão viva da totalidade do homem em sua relação com o mundo, a imagem corporal pode ser deformada por sentimentos e emoções reprimidos ou fluir num contínuo reconstruir de si mesma, que se manifesta na liberdade de movimentos corporais expressivos e criativos.

---

43. Wilhelm Reich, fundamentando-se na teoria psicanalítica, desenvolveu os conceitos de caráter e "couraça caracteriológica". Segundo Reich, o caráter de um indivíduo inclui um padrão consistente de defesas, que se manifesta em suas atitudes corporais e se expressa em termos de rigidez ou couraça muscular. Ele acreditava que a perda da couraça muscular libertava considerável energia libidinal e auxiliava o processo de psicanálise. (James Fadiman e Robert Frager, *Teorias da personalidade*).

44. Denomina-se "histeria de conversão" o quadro neurótico em que o indivíduo apresenta paralisias ou outras manifestações físicas patológicas, sem que seja possível identificar alguma afecção neurológica.

Vendo a imagem corporal, em sua natureza ôntica, como a própria expressão do sentimento de ser, Rincón[45] relaciona esse conceito com o mundo dos valores do indivíduo. Fornecendo ao indivíduo, em seu contato com o mundo, o sentimento de seu bem-estar ou não, a imagem corporal está estreitamente ligada a uma imagem ideal de si mesmo, em que persistem os valores estéticos, éticos, morais etc. que o indivíduo incorporou ao longo de seu desenvolvimento e que está presente, de forma consciente ou inconsciente, no sujeito que percebe, sente e age.

Consideramos a imagem corporal, em seu sentido ontológico, como o "corpo próprio", como a expressão da unidade corpo-espírito e da relação do homem com o mundo. Dentro dessa perspectiva, pensamos o movimento humano como sendo essencialmente dialético, o que envolve uma ideia de totalidade dinâmica do ser que se move e do espaço circundante. O movimento humano é dialético, no sentido de que não se realiza com uma linearidade predeterminada, ou seja, não se constitui de uma ação que se desenrola num espaço objetivo, tendo suas etapas parciais predeterminadas. Estando o significado da ação motora implícito desde o início do movimento, esse impregna todo seu curso. Cada etapa forma, com a ação parcial anterior, com o espaço circundante e com o sentido de ação, uma totalidade, que a cada momento se redefine e se reestrutura, conforme a percepção dessa totalidade, dos próprios movimentos parciais e dos seres que transitam nesse espaço. A percepção da totalidade Eu-mundo impregna cada etapa do movimento, e dela depende a harmonia da ação motora.

Por tudo o que afirmamos até aqui, em todo movimento humano há um sentido que o transcende, que faz surgir o novo. Na ação motora, na qual já se inclui um determinado tônus que prepara a ação, está implícito um sentido, que não é simplesmente um produto da intenção do sujeito — que traz consigo a carga de vivências passa-

---

45. Cassandra Rincón. *op. cit.*, p. 262.

das, que estão como que marcadas na sua imagem corporal, e de suas necessidades atuais, materiais e espirituais —, mas é resultado de um ato criador: surge da junção do sujeito com o objeto, em uma dada situação existencial, que envolve ambos. O movimento corporal tem, assim, sua razão de ser no sentido que o envolve. Ao arremessarmos uma bola, por exemplo, em direção a um determinado alvo, o movimento de todo nosso corpo — nossa postura, o tônus muscular, a força empregada etc. prepara-se para essa ação, cuja execução depende da percepção das características do objeto, nesse caso da bola, seu peso, forma, das condições do solo etc.

A concretização do movimento se dá na junção da intenção do sujeito — como uma totalidade corpóreo-espiritual, na qual se inclui o conjunto de valores assimilados ao longo de sua história pessoal — com as características reais do objeto, sendo que, em cada situação, o novo é criado. Cada nova experiência integra as anteriores, e o objeto também nunca é o mesmo, sempre é vivenciado sob novas perspectivas, criando-se, a cada vez, uma nova relação, em que a ação motora progressivamente torna-se mais adequada. Em cada ação motora, está presente o germe da criatividade que faz surgir o novo.

Dentro de uma perspectiva da Educação Física, todo exercício físico que se constitui numa mera repetição ignora a essência do movimento humano, que é uma totalidade aberta, e encerra em si uma relação dialética do homem com o mundo, que a cada momento se redefine e se reestrutura.

Corporeidade e sexualidade — O homem é um ser corpóreo, e falar em corpo traz em si implícita a problemática da sexualidade, pois o corpo é sempre um corpo sexuado. Assim como o corpo não pode ser pensado isoladamente, também a sexualidade está ligada ao ser humano total: afetivo, cognoscente e atuante, e à sua existência como um todo. Não é um fenômeno periférico, mas, sim, profundamente enraizado no sentido da existência humana. Merleau-Ponty vê a significação primordial da psicanálise freudiana em "descobrir, nas funções que se acreditava como 'puramente corporais', um movimento dialético e reintegrar a sexualidade no ser humano"[46].

Ligada ao ritmo da existência humana, a sexualidade está vinculada profundamente à afetividade e ao homem como uma subjetividade encarnada, e não a um corpo visto isoladamente como um "feixe de instintos", portador de leis fisiológicas e mecânicas causais. A sexualidade tem, assim, uma significação metafísica, como diz Merleau-Ponty, sendo que os sentimentos com características sexuais, como o desejo e o amor, "concernem ao homem como consciência e liberdade"[47].

O homem contemporâneo é fragmentado. Sua existência desdobra-se em uma multiplicidade de papéis, que são, muitas vezes, antagônicos. A perda da unidade existencial e da autoidentidade do homem moderno reflete-se também na forma de viver sua sexualidade. Esta é vista, muitas vezes, pelo homem, como um compartimento estanque, um mero fenômeno corporal (como se qualquer vivência corporal pudesse desligar-se do homem como um todo), perdendo sua significação humana. Agnes Heller diz que, nos últimos tempos, persiste a ideia de que a sexualidade livre pode proteger o homem dos aborrecimentos e das preocupações, transformando-se, assim, "numa espécie de cura, de instituição sanitária, perdendo, completamente, todo sentido erótico e todo caráter sentimental"[48].

As relações do homem com sua sexualidade, na sociedade atual, são coisificadas também de outros modos. Na propaganda divulgada nos meios de comunicação, o corpo erótico é usado para incentivar o consumo, não pela necessidade subjetiva contida no objeto a ser consumido, mas por uma relação criada artificialmente com a necessidade sexual. Desse modo, a

---

46. Maurice Merleau-Ponty. *Fenomenologia da percepção*, 1971, p. 168.
47. *Ibid.*, p. 177.
48. Agnes Heller. *Para mudar a vida*, 1982, p. 27.

propaganda coisifica e banaliza algo que tem uma significação profunda no relacionamento interpessoal — as relações sexuais — e transforma o corpo erótico em mercadoria, que visa sobretudo ao aumento do consumo. Os ideais físicos também são manipulados, tanto no que se refere a aspectos externos, como a aparência física, vestimenta etc., como própria escolha do companheiro.

O homem, no entanto, é definido por sua experiência, isto é, "por sua maneira própria de dar forma ao mundo"[49]. A sua sexualidade, enraizada em sua história pessoal, brotando de sua interioridade e de sua liberdade, enfim, do seu ser total, é abertura para o Outro, possibilidade de encontro e de realização pessoal. Não significa, assim, uma liberação no sentido de acumular prazeres indiscriminadamente, mas envolve um conhecimento de nossas próprias motivações, como diz Heller: "Não certamente para deixá-las inteiramente livres, e, sim, para operar, no interior delas, uma seleção consciente, do ponto de vista ético de nossa racionalidade e do ponto de vista dos carecimentos dos outros"[50].

Corpo e trabalho — Conforme Marx, por meio do trabalho criativo o corpo humano se humaniza. As mãos, os olhos... realizam um projeto da consciência, revelando sua íntima união com o corpo. A mão, ao vencer a resistência da matéria, dá aos objetos que ela cria, transformando a matéria, uma significação humana. O trabalho revela, assim, a unidade do homem no pensar e no agir transformador do mundo.

A organização do trabalho, na sociedade moderna, apresenta, no entanto, características bem distintas. O homem contemporâneo não reconhece mais suas próprias objetivações. Poucas são as atividades de trabalho que trazem realmente satisfação pessoal e permitem ao homem atuar como ser criativo. A maioria

---

49. Maurice Merleau-Ponty. *Fenomenologia da percepção*, 1977, p. 181.
50. Agnes Heller. *op. cit.*, p. 27.

dos indivíduos empenha-se em tarefas monótonas, destituídas de interesse e realizadas com o único fim de obter um salário que lhe permita sobreviver e consumir os bens da sociedade tecnológica. No entanto, como diz Enguita, "quase sempre foi de outra forma"[51], sendo a forma atual de trabalho uma consequência histórica.

A cisão do mundo do trabalho surgiu com a sociedade industrial capitalista. Com a progressiva divisão do trabalho, o operário perde o controle sobre o processo e o resultado de seu trabalho, submetendo-se às normas do dono do capital. Realizando somente partes isoladas do objeto, o operário se vê privado da satisfação de participar na criação de algo que tenha um sentido. O produto de seu trabalho deixou de satisfazer necessidades humanas concretas, mas, sim, adquiriu um valor abstrato de troca. Com a evolução do sistema capitalista, o trabalho operário tornou-se mecanizado, destituído de criatividade, esvaziando as mãos do espírito que as anima. Esse processo de trabalho aliena o corpo, na medida em que se realiza desvinculado das necessidades vitais e de sua satisfação e despojado de um sentido humano. Desligado da interioridade, e estabelecendo com os objetos que manipula uma relação exterior, o corpo transforma-se numa máquina e o trabalho torna-se monótono e uniforme.

Todas as condições que cercam o trabalho, principalmente o trabalho operário, na sociedade industrial, trazem também graves consequências para o homem, no que diz respeito a sua integridade física e psíquica. São graves os problemas físicos que comprometem o corpo do trabalhador, pela realização de movimentos mecanicamente repetitivos, como atrofias e outros defeitos posturais e musculares.

Na sociedade industrial moderna, o trabalho perdeu, assim, seu caráter humanizador, submetendo

---

51. Mariano Enguita. *A face oculta da escola*, 1989, p. 4.

grande parte da humanidade a condições opressoras de sua liberdade e criatividade.

A penetração da Educação Física no espaço de fábricas, indústrias e outros locais de trabalho, embora dissimule uma intenção manipulativa, ao mesmo tempo abre brechas para uma real valorização do corpo e do movimento. Não se desconhece que o objetivo primordial da inclusão da prática de atividades físicas nesses locais — buscando compensar o desgaste físico e psicológico do trabalhador e criando, por meio do esporte, um sentimento de unidade afetiva com a fábrica — é, sobretudo, o aumento da produção. Não se pode negar, contudo, que se constitui em um espaço que pode ser utilizado pelo profissional de Educação Física para a concretização de objetivos humanizadores para resgatar a verdadeira importância da dimensão da corporalidade e do movimento na vida humana e possibilitar a compreensão de seu sentido social.

4
A EDUCAÇÃO E A EDUCAÇÃO FÍSICA

Neste capítulo, nosso intento é refletir sobre a Educação Física à luz das ideias filosóficas que apresentamos no capítulo anterior, procurando apontar para suas finalidades e seus objetivos e discutindo, de forma radical, seu comprometimento com o homem, com a Educação em geral e com a sociedade.

Inicialmente, apresentaremos algumas reflexões sobre os valores e os fins de uma Educação transformadora, que consideramos fundamentais para nortear a prática educativa e servir de base para a colocação de objetivos educacionais. A Educação Física é sobretudo Educação, envolve o homem como uma unidade em relação dialética com a realidade social. Os valores-fins da Educação em geral e seus respectivos objetivos estendem-se, em sua totalidade, à Educação Física que, como ato educativo, está voltada para a formação do homem, tanto em sua dimensão pessoal como social.

Nos itens subsequentes, abordaremos a Educação Física em sua especificidade, nas formas de ser e conduzir a prática educativa que a fazem singular. Não pretendemos discutir aqui a adequação ou não da designação "Educação Física" — o que daria margens a diferentes argumentações — e a adotamos como é consagrada pelo uso. Referimo-nos à Educação Física com a prática sistemática de atividades físicas, desportivas ou lúdicas no âmbito educacional, prática que se encontra em relação dialética com um campo de conhecimentos advindos de diferentes ciências como a Biologia, a Psicologia, a Sociologia, a Biomecânica entre outras.

A Educação

Neste item, pretendemos refletir sobre a Educação, tentando responder às questões: O que é a Educação? Qual o seu sentido na vida humana? Qual a natureza do ato educativo? Para que se educa?

O fenômeno da Educação está presente em todas as sociedades humanas. A Educação é, portanto, um fenômeno inerente ao homem como um ser social e histórico, cuja existência fundamenta-se na necessidade de formar as gerações mais novas, transmitindo-lhes seus conhecimentos, valores e crenças e abrindo-lhes possibilidades para novas realizações. O próprio conceito de Educação, ou seja, o que os homens pensam que deva ser a Educação, está sujeito a um evoluir histórico, e radica-se nas formas concretas de existir e pensar das diferentes épocas históricas. Do mesmo modo, a questão dos fins da Educação não pode ser pensada dissociada da época existencial histórica. Tentaremos aqui delinear nosso pensamento sobre os fins da Educação e da Educação Física na época atual e em um país de Terceiro Mundo, como o Brasil. Essas reflexões têm como ponto de partida nossas experiências, nossa práxis como ser-no-mundo e, em especial, como educadores, uma práxis na qual se inserem leituras, com as quais tentamos dialogar para alcançar uma maior compreensão do fenômeno.

A Educação é uma prática pela qual se pretende atuar sistematicamente sobre indivíduos e grupos sociais, com a intenção de possibilitar a formação de sua personalidade e sua participação ativa na sociedade. Essa definição nos parece ser muito abrangente, adequada a qualquer tipo de Educação e, por isso, não nos permite perceber qual a forma que tomaria essa prática em sua efetiva realização. No entanto, a Educação pode ter uma prática muito distinta, dependendo do que pensamos que sejam o homem e a realidade social, e da resposta que damos à questão: Para que educar?

A dimensão utópica da educação

Tudo o que se afirma sobre a Educação parece oscilar sempre entre dois polos: o que pensamos que seja o homem em sua concretude e o que pensamos que deveria ser. Dando-se conta disso, Suchodolski identificou, na história da pedagogia, duas tendências fundamentais: uma pedagogia da existência e uma pedagogia da essência[1]. A superação dessas duas tendências extremas pensamos encontrar na definição do homem como práxis, que possui uma essência histórica que se configura em sua existência concreta. Pensamos com Fiori, que define sua posição dizendo: "Não é nem que a essência preceda a existência, nem que a existência preceda a essência. (...) o homem é uma existência em permanente conquista de sua essência"[2].

Na unidade da práxis, o homem revela-se como projeto, como um ser que aspira a valores que o transcendem, ao mesmo tempo que está imerso em uma existência concreta, o que dá a esses valores a dimensão de finitude e limite. Sua ação, como um ser moral, é o resultado da tensão dialética entre dois polos: entre as condições concretas, históricas, de sua existência, em sua dimensão individual e social, e aquilo a que ele aspira como ideal de ação. Esse ideal moral se funda-

---
1. Bogdan Suchodolsky. *A pedagogia e as grandes correntes filosóficas*, 1984.
2. Ernani Maria Fiori. *Elementos sobre o personalismo e compromisso histórico*, p. 7.

menta em valores que, por um lado, transcendem o momento histórico e, por outro, são marcados pela finitude, pelas circunstâncias mundanas reais que envolvem a história humana.

Assim como o homem, a Educação também participa dessa ambiguidade: ela visa ao homem como ele é sem, no entanto, abandonar o plano ideal do dever-ser. Sem a visão do homem concreto, existencial e histórico, a Educação seria um formalismo vazio e careceria de sentido prático. Sem uma visão utópica, permeada de valores, a Educação cairia num relativismo, em que tudo seria válido, ao mesmo tempo que não válido, tornando impossível uma crítica, que não resistiria à relativização absoluta. Sem negar a concretude nem a abstração, procuramos superá-las numa síntese que envolve os dois momentos.

Nessa linha de pensamento, Suchodolski define o pensamento pedagógico de nossa época em duas tendências extremas: de um lado, pretende "unir educação e vida de modo que não seja necessário um ideal" e, de outro lado, "definir um ideal tal que a vida real não seja necessária"[3]. Para esse autor, o pensamento pedagógico falha quando escolhe uma dessas alternativas e, também, quando "tenta unir esses dois princípios em função das condições históricas existentes"[4]. Ele defende, como único critério válido para a Educação, a realidade futura, pois essa é que permite ultrapassar os compromissos da pedagogia burguesa. Na determinação dessa realidade futura, coincidem "a necessidade histórica e a realização do nosso ideal"[5]. O caráter utópico da Educação está, assim, presente, como um fim a atingir em uma realização futura, um fim que nunca será atingido em plenitude, mas que atua orientando a prática e permeando de sentido as ações educativas. Realização futura não significa um porvir necessário, ao qual se chega pela marcha

---
3. Bogdan Suchodolski. *op. cit.*, p. 113.
4. *Ibid.*, p. 117.
5. *Ibid.*, p. 112.

inexorável da história, mas um porvir que, na oscilação dialética da necessidade e da contingência, resulta da práxis humana, a qual, embora sujeita a múltiplas determinações, traz em si a marca da transcendência. O homem, como entidade corpóreo-espiritual, possui o poder transcendental de reflexão. Em sua vida cotidiana, que partilha com outros homens, sua família, seu grupo de amigos, seu trabalho, sua comunidade etc., nos diversos universos em que habita — universo da arte, universo político, universo do lazer etc. —, suas ações revestem-se de sentido, segundo modos de ser transcendentais, que designamos como liberdade, verdade e justiça. Esses três modos de vida não são formas estanques de ser, mas encontram-se em uma relação dinâmica, formando uma unidade dialética na realidade concreta. Assim, o homem é livre (ou não livre) para buscar a verdade na arte, na ciência e na filosofia. É livre quando age de acordo com sua verdade interior. É livre para agir ou não com justiça, o que implica o reconhecimento (ou não reconhecimento) do Outro também como um ser livre. Ser justo, por sua vez, é reconhecer a verdade do Outro é, e a verdade do Outro a sua liberdade.

A verdade, a liberdade e a justiça são modos de ser, *a priori*, transcendentais, mas emergem da práxis humana concreta, ao mesmo tempo que a engendram. Não há ação transformadora sem uma aproximação da verdade ontológica do real, pois o homem, para realizar uma ação, precisa conhecer a estrutura do ser sobre o qual age. Também não há práxis sem o ato criador, que em si é liberdade, pois o transformar significa uma abertura que transcende o ser do objeto e faz surgir o novo. Não há práxis sem a consciência do Outro como não Eu, que possui uma densidade ontológica, o que instaura a ideia de justiça. A distorção desses três modos de ser leva o homem a uma práxis fetichizada, alienada de seu verdadeiro sentido, trazendo graves consequências à vida comum dos homens.

O ideal educativo define-se, assim, para nós, em formar o homem para ser verdadeiro, ser livre e ser com-os-outros na justiça. Essa dimensão ideal, no entanto, em nossa concepção de educação, não é fruto de uma imaginação desligada das condições reais — o que faria com que permanecesse no plano ideal — mas, sim, emerge da práxis humana concreta e historicamente determinada. Na vivência das condições de injustiça, opressão e alienação em que vive grande parte da humanidade, os valores de justiça, liberdade e verdade assumem formas concretas, constantemente se renovam e constituem forças impulsoras da ação humana. A força orientadora desses valores como visão utópica é seu engajamento prático, sua possibilidade de realização futura.

Mclaren[6], em um artigo sobre Paulo Freire, diz que o regime opressivo, no interior da prática da direita, deve-se à ausência de uma dimensão utópica. Os valores defendidos por essa prática ficam em um plano formal, distante da realidade concreta, ou mesmo opostos a ela, sem a possibilidade de uma integração, pois sua visão de mundo está seriamente comprometida, consciente ou inconscientemente, com a defesa de interesses individualistas e com a conservação da ordem estabelecida. Seu projeto político não se engaja em um projeto mais amplo que dê consistência à sua prática: o projeto de humanização do homem.

A visão utópica de condições mais dignas da vida humana, em que valores como liberdade, justiça e verdade se realizem efetivamente, não é uma utopia desligada da vida real, mas uma utopia encarnada, edificada e constantemente vivificada por meio de uma práxis transformadora, e que se renova a cada instante nas experiências cotidianas da miséria, da opressão e da injustiça social. Essa visão utópica fornece ao ato educativo um sentido que tem a força de orientar a prática educativa. A relativização total desses valores tiraria toda a força moral e política do ato educativo. A opção pela luta contra a opressão e pela prática da

---

6. Peter Mclaren. *Paulo Freire e o pós-moderno*, 1987, p. 8.

liberdade e da democracia exige uma crença na transcendência desses valores através do tempo, sem, no entanto, deixar de reconhecer as diferentes formas concretas que assumem no curso da história humana.

A Educação transformadora

O homem é um ser-no-mundo e não podemos pensá-lo fora de sua relação com o mundo. Do mesmo modo, a Educação não pode visar ao indivíduo separado da sociedade. Os conceitos de Educação que visualizam indivíduo e sociedade de forma dissociada trazem implícitas visões antropológicas fragmentárias e mascaram as verdadeiras relações de poder que habitam a sociedade capitalista. Do mesmo modo, as correntes educacionais que visam adaptação do homem à sociedade ignoram o caráter crítico da Educação o negando a necessidade de transformação da sociedade o se apoiando na crença de que esta transformação se dar sem a ação do homem.

A concepção do homem como práxis, em que homem e sociedade formam uma unidade dialética em constante transformação, dá origem a uma visão de Educação como prática transformadora. Essa é a concepção de pensadores e educadores brasileiros como Paulo Freire[7], Gadotti[8], e Saviani[9], entre outros, que, criticando as condições desumanizadoras da sociedade brasileira, apontam para a necessidade de uma Educação que, juntamente com outras frentes de luta, vise transformação da sociedade e a superação das contradições que nela habitam. Não entendemos que a Edu-

---

7. Paulo Freire. *Pedagogia do oprimido*, 1983; *Educação e mudança*, 1982; *Educação como prática da liberdade*, 1983; *Medo e ousadia*, 1987.
8. Moacir Gadotti. *Concepção dialética da educação*, 1988; *Educação e poder*, 1985.
9. Demerval Saviani. *Escola e democracia*, 1984; *Do senso comum à consciência filosófica*, 1980.

cação seja o fator principal das transformações sociais. Sendo o homem um dos polos da unidade dialética, e a Educação um processo que atua na formação do homem, essa é, no entanto, um fator importante e até decisivo na transformação da sociedade.

Para que a Educação seja transformadora, deve ser sobretudo crítica. Deve constituir-se em uma crítica radical da sociedade em que vivemos, crítica essa que, ao desvelar a realidade humano-social em suas contradições, baseie-se na crença em valores morais como justiça, verdade e liberdade, que se devem estender à humanidade como um todo. Sem uma visão crítica da realidade atual, a colocação de ideais perde o sentido, pois estará desvinculada da vida real. A crítica fundada nesses valores permite ao educador identificar as diferentes formas de injustiça, opressão e alienação que se efetivaram no desenrolar do processo histórico de dominação e, a partir dessa crítica, optar por práticas educativas que visem atingir objetivos de libertação do homem e de justiça social.

Nessa perspectiva, os fins da educação, seja qual for o âmbito específico de conhecimento, estarão comprometidos com a humanização do homem e com a transformação da sociedade. Como expressa Suchodolski, o fim essencial da Educação é fazer com que "os homens sejam capazes de realizar as tarefas sociais e profissionais que lhes couberem, e de pôr-se à altura das possibilidades do desenvolvimento cultural e pessoal que é possível alcançar mediante sua participação"[10]. Essa participação deve ser uma participação consciente do homem no processo histórico de humanização, portanto é uma participação vinculada à realidade sociocultural e política de sua época histórica. A civilização atual necessita de uma Educação que não pretenda adaptar o indivíduo à realidade existente, de

---

10. Bogdan Suchodolski. *La educacion humana del hombre*, 1977, p. 22.

uma Educação que, como expressa Fiori, seja esforço de permanente desadaptação"[11].

Participar conscientemente do processo de humanização do homem significa, na dimensão social, criar condições concretas de organização da vida comunitária, em que se efetivem valores como liberdade, justiça e verdade e, na dimensão pessoal, propiciar a todos os indivíduos oportunidades de enriquecimento pessoal, que lhes permitam uma participação ativa no processo de construção da vida social. As dimensões pessoal e social da Educação integram-se na unidade da práxis e não podem ser pensadas separadamente, sob pena dessa perder seu sentido. Assim, a busca de desenvolvimento pessoal e de autorrealização perde sua força educativa se for realizada sob o prisma do individualismo. O homem é um ser social. Como um ser-no-mundo, necessita dos outros homens para a satisfação de suas necessidades materiais e espirituais. Seu enriquecimento pessoal não pode acontecer dissociado da realidade social. Como já mencionamos nos capítulos anteriores, a civilização científico-tecnológica contemporânea e sua estrutura socioeconômica trazem em si inúmeras contradições e obstáculos ao desenvolvimento harmônico da humanidade, o que exige de cada indivíduo um esforço de participação na reconstrução da própria civilização. A sociedade atual, portanto, necessita de uma Educação que não pretenda adaptar o indivíduo à realidade existente, nem busque o desenvolvimento de sua personalidade de forma dissociada da vida social. Ao contrário, na nossa civilização desumana e cheia de contradições, a Educação deve orientar seus objetivos para a vida real, concreta, em que o desenvolvimento da personalidade se de de forma integrada com o projeto de transformação da sociedade[12].

---

11. Ernani Maria Fiori. *Conscientização e educação*, 1986, p. 9.
12. Bogdan Suchodolski. *op. cit.*

Objetivos de uma Educação transformadora

Estabelecidos os fins e os respectivos valores morais de uma Educação transformadora, tentaremos, a partir deles, especificar objetivos que possam servir como ideias norteadoras da ação educativa:

A Educação transformadora tem como fim a concretização do valor liberdade — No capítulo anterior, refletimos sobre a liberdade humana, onde, para fins de melhor explicitação, distinguimos liberdade subjetiva e liberdade objetiva. A ideia de liberdade subjetiva identifica-se com a ideia de unidade pessoal, unidade essa que nunca se realiza completamente na ação humana. Crescer em direção à liberdade subjetiva significa, assim, atingir um grau cada vez maior de unidade pessoal, isto é, de integração das dialéticas parciais, da ordem física e da ordem vital, à dialética total consciência-corpo, que é o homem engajado em um projeto existencial, que ilumina e dá consistência a suas ações. O projeto existencial que abrange o homem como um todo não o desliga de seu mundo, mas promove sua participação consciente na criação desse mundo. Assim, a liberdade subjetiva encontra-se em relação dinâmica com a liberdade objetiva e significa o engajamento pessoal na luta por condições objetivas que a possibilitem. O conceito de liberdade está vinculado ao conceito de responsabilidade, de dever, de compromisso com os outros, pois ninguém pode ser efetivamente livre se os outros não o são. Ser livre é também assumir sua natureza social. Pensamos como Paul Ricouer que não se trata, aqui, de uma "liberdade selvagem e arbitrária", mas de uma "liberdade portadora de sentido", que consiste em repensar todas as instituições, pelo critério da realização e do desabrochamento da liberdade, procurando a superação do conflito central da sociedade moderna entre liberdade e instituição, na "síntese da liberdade e do sentido, do arbitrário e da instituição"[13].

---

13. Paul Ricoeur. *Interpretação e ideologias*, 1988, p. 168.

A Educação transformadora busca promover a liberdade pessoal, levando o aluno a um autoconhecimento que lhe possibilite superar suas próprias contradições, desenvolvendo a capacidade de compreender a si mesmo e a seu mundo, desvelando as mútuas relações que, tanto em nível pessoal como social, são historicamente condicionadas. Não entendemos liberdade como um valor abstrato, mas, sim, como uma forma de ser que se coloca no desenvolvimento da história. A liberdade como realização futura, na época atual, aponta para o movimento de libertação das classes trabalhadoras e marginalizadas, do mesmo modo que, com a ascensão da burguesia, libertação significava a ruptura com a dominação do clero e da nobreza.

Para desvelar as raízes históricas das condições de opressão, o desenvolvimento da consciência crítica é fundamental. A consciência crítica é que nos permite romper com as condições petrificadas ideologicamente, e seu sentido encontra-se na busca de emancipação. Ao processo de desenvolvimento da consciência crítica Freire[14] denominou conscientização. Conscientizar significa o processo de reestruturar a percepção da realidade a partir de transformações na própria consciência. Em um movimento que vai do abstrato ao concreto, da totalidade às partes e das partes à totalidade, a consciência não acumula fatos dos quais abstrai uma verdade geral, mas ela própria se transforma, visualizando o fenômeno sob novas perspectivas, numa crescente aproximação de sua estrutura. Progressivamente, abrindo-se a novas formas de significar o mundo, a consciência torna-se consciência crítica. Desenvolvê-la é a tarefa, como diz Freire, "para os educadores favoráveis a um processo libertador" e que pode ser realizada "através de diferentes tipos de ação educacional"[15]. A consciência crítica, para esse autor,

---

14. Paulo Freire. *Pedagogia do oprimido*, 1983.
15. Paulo Freire e Ira Shor. *Medo e ousadia*, 1987, p. 220.

pode ser desenvolvida principalmente por meio do diálogo. Com esse objetivo, o professor deve incentivar o aluno a manifestar suas ideias, a tematizar seus conflitos, argumentando consistentemente e co-participando ativamente na busca de solução dos problemas comuns da vida escolar.

 A Educação como promoção da liberdade busca o desenvolvimento da criatividade. Todo homem possui a capacidade de criar, pois nenhuma situação existencial se repete exatamente no tempo, e a cada momento o novo criado, não sendo nunca nossas ações repetíveis em sua integridade. A criatividade está ligada, então, à capacidade de perceber, em cada situação, o elemento novo. Podemos repetir ações que em situações semelhantes nos permitiram atingir os objetivos propostos, no entanto, por mais semelhante que seja a situação, nunca é a mesma, exigindo sempre uma reorganização de nossas formas de comportamento. Criatividade é, assim, a capacidade de interpretar de novas formas as novas situações, agindo de forma construtiva, de modo a adequar nossas ações ao desenrolar da situação, que se modifica a cada instante, e ao objetivo proposto. Ser criativo é ser flexível e saber agir levando em conta o fluxo da história.

 A Educação transformadora incentiva o desenvolvimento da criatividade, pois esta última está no cerne mesmo da transformação pessoal e social. Nossa sociedade, em constante transformação, exige que as pessoas sejam flexíveis e criativas, abertas para uma compreensão da realidade, e dispostas a modificar as circunstâncias de dominação e opressão em que o homem vive, na sociedade atual. Também nos países socialistas, a ruptura com os regimes totalitários é uma manifestação da exigência, no homem, de liberdade e participação ativa no processo de criação da história.

 A Educação transformadora tem como fim a concretização do valor justiça — Afirmar a justiça como um modo de ser que aspiramos ver realizado na vida comunitária significa reconhecer, em todos os homens, o direito à satisfação de suas necessidades materiais e espirituais, direito esse fundado em seu reconhecimento como pessoa. Reconhecer o Outro como pessoa significa reconhecer sua humanidade, reconhecê-lo como algo que tem valor em si e que aspira também à satisfação de suas próprias necessidades materiais e espirituais. Significa reconhecer seu direito à liberdade e à verdade.

Esse valor está no cerne de toda a crítica à sociedade contemporânea — onde o sistema dominante condena grande parte da humanidade à miséria e à opressão — como o fim a atingir, ao serem transformadas as condições sociais geradoras da injustiça.

A justiça somente se efetiva como modo de ser em uma sociedade livre da dominação, na qual todos os homens têm a possibilidade de realizar sua essência genérica, por meio da participação ativa na construção de seu mundo, em condições de liberdade e criatividade. Essa visão utópica, como um fim a atingir — fim esse que nunca será atingido plenamente —, ao mesmo tempo que se enraíza no processo histórico concreto em que a essência humana se constrói, atua como um *a priori* que nos permite identificar as condições de injustiça social em que vive grande parte da humanidade e optar por estratégias de ação coletiva que, na práxis social, busquem efetivar essa dimensão de forma consciente e engajada.

A crise ética está presente em todas as instâncias no mundo contemporâneo. Os interesses humanos em relação à emancipação da espécie — que deveriam ser o motor de toda a ética — ficam em segundo plano, em função de interesses instrumentais que visam sobretudo ao dinheiro e ao poder.

O pensamento de Habermas[16] a esse respeito é uma fonte importante de inspiração para nossas reflexões. Esse pensador, seguindo a tradição da Escola de Frankfurt, na sua teoria crítica da sociedade contemporânea, atribui a crise da civilização técnico-industrial, em que os interes-

---

16. Juergen Habermas. *Técnica e ciência como ideologia*, 1987.

ses de emancipação do homem são distorcidos, à penetração da racionalidade instrumental — baseada em regras técnicas, e que tem como objetivo o domínio da natureza por meio da ciência e da técnica — no âmbito da ação comunicativa (ou interação), onde os homens interage, estabelecendo normas para a organização racional da vida comunitária.

A racionalidade instrumental ou técnica não questiona se as normas vigentes são justas ou não, mas somente se são eficazes, ou seja, se atingem os fins propostos. Esse tipo de racionalidade, presente no capitalismo contemporâneo, substituiu a interação comunicativa que havia anteriormente no âmbito das decisões práticas que diziam respeito à comunidade. As relações de poder sempre foram mascaradas por ideologias, por normas morais vigentes, que se apoiavam em concepções de mundo que procuravam legitimá-las (mesmo sendo falsas), como, por exemplo, a ideologia da "justa troca" do capitalismo liberal. No capitalismo contemporâneo, entretanto, com o acelerado progresso da ciência e da técnica, o processo ideológico de legitimação e mistificação das relações de poder assumiu esta nova forma: foi substituído pela racionalidade técnica, instrumental, que se baseia em regras que não exigem qualquer justificação. Negando a problematização das relações de poder, essa forma de ideologia afeta a vida humana em todas as suas instâncias e serve para justificar e legitimar a miséria e a opressão.

  Podemos perceber a presença da racionalidade técnica tanto no âmbito de decisões que envolvem problemas institucionais abrangendo grupos restritos (família, escola, trabalho etc.), como no âmbito de decisões políticas que envolvem complexas relações nacionais e internacionais. Os países do Terceiro Mundo, por exemplo, correndo em busca do crescimento econômico,por meio do progresso científico e tecnológico que os leve a igualar-se às grandes potências, subordinam-se a qualquer determinação dos detentores do poder, sem questionar a justiça ou não de suas decisões e, buscando, como fim, as metas de desenvolvimento propostas, justificam a miséria à qual é relegada a maior parte de suas populações. Os países desenvolvidos, por sua vez, imbuídos também dessa ideologia, não questionam a legitimação de suas determinações. Quem determina as regras do jogo é a unidade dinâmica: capital e desenvolvimento tecnológico. Nesse processo, não somente a humanidade do homem é anulada, mas a própria natureza está a caminho de sua destruição.

A utopia de emancipação do homem, para Habermas encontra sua possibilidade no âmbito da razão comunicativa, onde, pelo diálogo, pelo discurso prático, livre de coerções externas e internas, chega-se a um consenso sobre normas de ação no processo de transformações políticas e culturais. A comunicação perfeita — que envolve a obediência a normas de competência linguística — é o fim a atingir, e somente ele pode legitimar o universo ético, onde são tomadas as decisões em todos os âmbitos da interação humana, permitindo ao homem assumir sua responsabilidade moral e política.

O pensamento de Habermas não permanece no momento negativo do processo dialético, mas podemos perceber nele uma afirmação do poder de reflexão transcendental da razão, que, enraizada nas condições concretas da existência, permite ao homem transcender os limites da situação concreta e apontar os caminhos futuros para a sua humanização.

A justiça como valor que permeia os fins da Educação aponta-nos para objetivos educacionais que podem ser efetivados, na prática escolar, de diferentes formas, associados aos objetivos que acima enunciamos, pois, conforme afirmamos, liberdade, verdade e justiça formam uma unidade dialética.

A proposta de Habermas de emancipação do homem — de recuperação da ação comunicativa no âmbito das decisões político-culturais, por meio de um modelo *a priori* para o desenvolvimento do consenso como critério de verdade e falsidade — possui um valor pedagógico e aponta para objetivos educacionais que situam a capacidade de diálogo no centro das decisões comunitárias. Essa proposta oferece uma sugestão importante ao professor na colocação de objetivos educacionais, no sentido de buscar desenvolver a competência linguística, a capacidade de discutir as contradições que surgem no âmbito escolar e buscar a sua superação, por meio de uma ação comunicativa, isto é, do diálogo livre de coerções internas e externas, com o fim de encontrar o consenso como critério de verdade em uma situação concreta.

A Educação transformadora tem como fim a concretização do valor verdade — A verdade como valor-fim está no cerne de toda a ação educativa. A verdade pessoal, que significa a identidade consigo próprio, deve ser um dos objetivos da Educação transformadora: auxiliar o aluno a encontrar a própria identidade, isto é, a ser idêntico a si próprio, o que equivale a dizer, a ser autêntico. Ver o homem como um ser somente racional é desconhecê-lo em sua verdade.

A escola, como vimos no primeiro capítulo, reproduz as características da civilização ocidental, ao privilegiar, sobretudo, as capacidades cognitivas do aluno, perpetuando a cisão entre o mundo da razão e o mundo da sensibilidade. Ser autêntico é assumir toda a verdade do seu ser, onde razão e sensibilidade não estão dissociadas, mas integradas como uma totalidade. A Educação deverá superar essa cisão e caminhar em direção à busca da personalidade unificada que, como expressa Heller, "autorrealiza-se nas tarefas apresentadas pelo mundo, e é rica em sentimento"[17].

Na perspectiva da Educação transformadora, o reconhecimento da sensibilidade é fundamental no ato educativo, pois dela deriva a força impulsora da ação humana. Como vimos no capítulo anterior, o homem é uma unidade corpóreo-espiritual, na qual distinguimos, para fins de análise, pensamento, sentimento e ação. Todo ato de conhecimento traz em si uma força

---

17. Agnes Heller. *Teoría de los sentimientos*, 1982, p. 13.

energética, um estado de tensão, que seleciona os estímulos do mundo no ato da percepção, e encerra uma visão dinâmica do Eu, do mundo e da mútua relação. A consciência encarnada é assim, sempre intencional, e não simplesmente reflexa. As energias vitais que operam no homem como ser corpóreo-espiritual e se manifestam como expressões de agressividade, afeto, alegria, tristeza, amor, raiva etc. estão presentes no ato educativo, e lidar com esses afetos de forma construtiva é um grande desafio para a Educação. A Educação transformadora, buscando a formação pessoal do educando, associada ao projeto de transformação social, tem de estar atenta para ser capaz de favorecer, no educando, sentimentos de amor, solidariedade, respeito ao outro, cooperação e justiça, dentro de sua verdade pessoal.

Promover a autenticidade do aluno como ser pessoal e social significa que o processo educativo envolve uma busca de aprimoramento global das potencialidades individuais e singulares do aluno, sem ignorar o sentido social da ação humana, isto é, integrando as capacidades individuais no projeto global, histórico, de humanização do homem e da sociedade.

Ter a verdade como valor-fim significa, também, desmistificar a neutralidade da ciência e da técnica e desvelar para o aluno sua natureza social e histórica, e seu papel no processo dialético de dominação e libertação do homem.

Esses valores — liberdade, justiça e verdade — nos dão a perspectiva pela qual a realidade histórica pode ser criticada, ao mesmo tempo que, inspirando projetos de realizações futuras, transformam-se em fins concretos que norteiam a ação educativa e lhe dão sentido.

A Educação Física

Os momentos antropológicos que especificam a Educação enquanto tal repercutem diretamente na Educação Física. A Educação Física possui, todavia, sua especificidade. Em vista disso, pretendemos, neste item, focalizar aspectos peculiares à sua práxis, buscando atingir uma compreensão do sentido da Educação Física na vida humana, que apoie, justifique e aponte direções à sua prática.

A Educação Física como ato educativo relaciona-se diretamente à corporalidade e ao movimento do ser humano. Implica, portanto, uma atuação intencional sobre o homem como ser corpóreo e motriz, abrangendo as formas de atividade física, como a ginástica, o jogo, a dança e o desporto.

Essas formas de atividade física são fenômenos culturais, correspondem a formas de apropriação do mundo pelos homens, e, como tal, são realidades sóciohistóricas, integradas no processo dialético da história da humanidade. Educação Física como fenômeno educativo é um momento da totalidade concreta do real. Sendo assim, somente pode ser compreendida em sua relação com essa totalidade, em sua articulação e interconexão com os outros fenômenos sociais. Assim, as diferentes formas que essas práticas assumem historicamente radicam-se em sua relação dialética com a sociedade onde se inserem e, a partir dessa relação, recebem o seu sentido. A compreensão da Educação Física envolve, portanto, um desvelamento das suas raízes historicamente determinadas. Dentro de uma concepção dialética da realidade humana, desvelar as raízes históricas de um fenômeno significa romper com as formas ideológicas petrificadas, que ocultam sua verdadeira essência. Nesse caso, significa ver a Educação Física em sua relação com o processo da práxis humana, que, na produção da vida material, assume, ao longo da história humana, determinadas formas de relações sociais. Essas relações, na sociedade capitalista, são relações de poder e dominação de uma classe sobre outra, relações essas que se dão sob o imperativo do capital e da tecnologia, conforme já discutimos no capítulo anterior.

Ao longo da história, a Educação Física como instituição, do mesmo modo que a Educação, representou diferentes papéis, adquiriu diferentes significados, conforme o momento histórico, e tem sido utilizada, muitas vezes, como um instrumento do poder, para veiculação da ideologia dominante e preservação do *status quo*. O que é a Educação Física hoje, sua configuração na época presente, está profundamente vinculado às condições sociais e históricas nas quais essa prática se realizou. Assim, na sociedade brasileira, por exemplo, a Educação Física escolar, conforme mostram Castellani Filho[18] e Ghiraldelli Júnior[19], assumiu funções com tendências militaristas, higienistas, de biologização e de psicopedagogização, tendências essas ligadas a momentos históricos e que, ainda hoje, permeiam sua prática. A Educação Física, no entanto, como prática transformadora emerge, no momento atual, como um movimento dos seus pensadores e profissionais[20], engajados em um projeto mais amplo de transformação da vida social, que abrange uma luta por condições sociais que permitam a humanização do homem. Não pretendemos aqui reconstituir historicamente as tendências da Educação Física na realidade brasileira, mas somente apontar para a importância do desvelamento de seus antecedentes históricos, para uma compreensão do fenômeno em sua amplitude.

Sem ignorar o processo histórico concreto como determinante na configuração atual da Educação Física, nosso objetivo é, sobretudo, assumir um posicionamento crítico ante as práticas que, como resultado desse processo, ainda persistem e, até podemos dizer, predominam na atuação pedagógica dos profissionais dessa área. Essas práticas trazem implícitas visões antropológicas fragmentárias, que não captam o homem em sua unidade e em sua relação dialética com o mundo. À luz de nossas ideias do que sejam o homem, o mundo, e de qual o sentido da corporalidade e do movimento na vida humana, discutiremos, a seguir, as concepções antropológico-filosóficas que pensamos encontrarem-se na base dessas práticas.

---

18. Lino Castelllani Filho. *Educação Física no Brasil*, 1988.
19. Paulo Ghiraldelli Junior. *Educação Física progressista*, 1988.
20. Entre esses profissionais, destacamos Apolonio do Carmo, Celi Zulke Taffarel, Haimo Fensterseifer, João Paulo Medina, entre outros.

Concepção dualista do homem

A concepção dualista do homem está implícita na tendência de biologização da Educação Física. Essa tendência tem como objetivos principais a manutenção da saúde corporal, a aquisição da aptidão física, que envolve o desenvolvimento de capacidades físicas e habilidades motoras, e a performance desportiva. Revela-se, na prática escolar, em atividades físicas que se caracterizam principalmente pela execução de movimentos mecânicos, destituídos de sentido para o aluno e, em geral, transmitidos por comando pelo professor, cabendo ao aluno obedecer e imitar. A avaliação se dá somente por meio de critérios de rendimento e produtividade, privilegiando os alunos com maior capacidade desportiva.

Essa tendência valoriza sobretudo a competição e a formação tecnicista do atleta, em detrimento de princípios educacionais. Na prática desportiva, é favorecida uma forma de atuação, em que a performance técnica e tática é valorizada e avaliada sobretudo segundo modelos padronizados.

Essa tendência dissocia a Educação Física de um conceito de Educação, aproximando-se mais de um conceito de adestramento físico. Aliadas a essa concepção, estão as tendências à militarização e à higienização, que perpassam a Educação Física.

A concepção antropológica implícita nessas tendências é de um profundo dualismo entre corpo e espírito. Educação Física, nessa perspectiva, visualiza sobretudo o corpo, vendo-o dissociado do homem como um todo ou como um instrumento da alma. O movimento deixa de ser o movimento de um ser total, cujo significado brota de sua interioridade, para tornar-se algo mecânico, direcionado desde fora e realizado com um mínimo de participação da sensibilidade e da afetividade — apenas uma reação a estímulos do meio.

Essa concepção tem suas raízes históricas no processo da divisão técnica do trabalho em trabalho manual e intelectual, que surgiu com a ascensão do sistema de produção capitalista, como vimos no primeiro capítulo, e no processo histórico do pensamento ocidental que, separando espírito e matéria como substâncias distintas e irreconciliáveis, gerou a concepção de um corpo autônomo, desprovido de subjetividade, por um lado, e, por outro, de um espírito autônomo, do qual o corpo não era senão um instrumento e o mundo, mera representação.

Essa tendência abriga em seu bojo uma ontologia fragmentária, em que o homem é visto como cindido em si mesmo e separado do mundo. Tanto o homem como o mundo são realidades em si, estanques e não visualizadas a partir de sua mútua relação. Na problemática do conhecimento, o homem é passivo diante do real, e o ato do conhecimento consiste em uma mera adequação do pensamento à realidade.

Essa visão antropológica dualista se reforçou, na Educação Física, com a influência da Psicologia de cunho behaviorista. O behaviorismo tem suas raízes na epistemologia positivista, segundo a qual nada pode ser afirmado se não puder ser observado, constituindo o mundo a soma das nossas percepções. O behaviorismo procura eliminar no homem tudo o que se assemelha à consciência, deixando de lado conceitos como "subjetividade" e "liberdade", por considerá-los como não passíveis de ser tratados cientificamente. Como diz Japiassu, referindo-se ao behaviorismo: "O corpo e suas manifestações ou funções são mais do que suficientes para explicar cientificamente todos os níveis de comportamento (behavior) de um ser vivo"[21]. Com essa concepção, o homem fica reduzido àquilo que nele pode ser observado ou medido. Isso empobrece enormemente o mundo humano, pois deixa-se de captar toda a riqueza do seu ser, ocultando sua verdadeira essência e ignorando seus determinantes históricos. O conceito behaviorista de que o comportamento adequado é isento de sentimentos traz em si a ideia de uma cisão entre

---

21. Hilton Japiassu. *Introdução à epistemologia da psicologia*, 1977, p. 104.

sentimento e razão, sendo que os sentimentos perturbariam a razão, impedindo o indivíduo de agir corretamente. Anulando-se o sentimento, anula-se o corpo, que se torna, nas aulas de Educação Física que trazem implícita essa concepção, um objeto mecânico que pode ser manipulado.

Essa visão de homem e corporalidade revela-se de forma marcante no esporte de alto nível, onde persistem a extrema instrumentalização e a manipulação do corpo. O esporte é uma realização humana, cuja origem reside na necessidade de brincar, de exteriorizar-se no movimento, em convivência e confraternização com os outros homens. Com a evolução do processo histórico, o esporte foi assumindo as características e os valores da sociedade capitalista e as suas contradições. Por um lado, constitui-se em um espetáculo estético, onde se admira a perfeição do gesto, a beleza e precisão dos movimentos, sendo também uma festa de confraternização entre grupos e nações. Por outro lado, os esquemas dentro dos quais se realiza a formação de atletas, o treinamento e a preparação física perderam, há muito, as suas características lúdicas de prazer: transformaram-se em esquemas que se assemelham ao processo de trabalho produtivo da sociedade industrial, tornando-se o atleta, paradoxalmente, um "proletário do lazer". Como o capitalismo transforma o homem em objeto sob o imperativo do capital, o esporte competitivo de alto nível, nas formas que vem assumindo atualmente, transforma o atleta em objeto, em função de valores de produtividade, eficácia e rendimento, que se sobrepõem a valores que dizem respeito ao homem como ser total, como a liberdade e a criatividade. Como expressa Sobral, "A tecnicidade e racionalização do gesto desportivo é assimilada ao taylorismo, ao estudo exaustivo do movimento com vista a produzir o rendimento máximo do trabalhador manual e, aqui, do atleta"[22]. O esporte de alto nível, ao mesmo tempo que

---

22. Francisco Sobral. *Introdução à Educação Física*, 1985, p. 142.

valoriza o corpo em seu aspecto estético e procura um desenvolvimento de suas capacidades naturais, ampliando suas possibilidades, revela um profundo desrespeito pelo homem como ser corpóreo, quando busca, a qualquer preço, extrapolar seus limites naturais, com o risco de prejuízos futuros à saúde do atleta, sem falar no problema do *doping* e outras agressões ao corpo[23]. Isso ocorre tanto nos países de regime capitalista como nos países comunistas, onde o esporte tornou-se um instrumento a serviço da propaganda. Subordinando-se a interesses econômicos e à publicidade, o esporte competitivo de alto nível perde suas características humanizadoras, tornando-se um veículo de transmissão da ideologia dominante.

Tendência semelhante penetrou também na instituição escolar, atingindo a Educação Física em geral — a tendência tecnoburocrata[24] —, que procurava dotar a Educação de uma organização racional, em que se buscava atingir a eficiência e o rendimento, pela escolha de meios adequados e da operacionalização de objetivos. A escola e a sala de aula deveriam ser administradas como uma empresa, onde o objetivo primordial era o controle e a disciplina, eliminando a vida, a sensibilidade e a afetividade do âmbito escolar.

A tendência de uma visão dualista do ser humano perpassa também grande número das pesquisas realizadas na área da Educação Física. Gaya[25] realizou uma investigação sobre as pesquisas referentes a temas

---

23. Com referência ao problema do *doping*, gostaríamos de transcrever as palavras de Rongard:
"Mais de 70% dos campeões esportivos se dopam, tomando produtos que são de fácil acesso a todos. A situação de desequilíbrio hormonal a que estão expostos apresenta características tóxicas, o *stress* de um campeão pode comparar-se ao de um acidentado. Frente a isso, controles *antidoping* ineficazes, uma desinformação total, um corpo médico ausente, um ambiente esportivo hipócrita. Isso é o que denuncia aqui o Dr. Lignieres, endocrinologista, demonstrando que a prática desportiva de hoje não corresponde à imagem de saúde e prazer que se segue dando a ela (Jean Pierre Rongard. *Escândalo: a maioria dos atletas se dopa*, 1982, p. 143).
24. Moacir Gadotti. *Concepção dialética da Educação*, 1988, p. 153.
25. Adroaldo Gaya. *Pesquisas biológicas aplicadas à Educação Física: Que ciência estamos fazendo?*, xerox datilografado, fornecido pelo autor.

biológicos e constatou que, em seu maior número, essas pesquisas quase não oferecem subsídios à ampliação do referencial teórico da Educação Física, revelando também pouca aplicabilidade prática. Constatou, também, a utilização predominante de métodos quantitativos. Essas constatações levam-nos a concluir que o corpo medido, comparado, desmembrado em diversas variáveis, classificado em diferentes tipologias, não é o corpo que está aí, em sua realidade existencial.

Gostaríamos de assinalar aqui que não negamos o valor da pesquisa nessa área, desde que o pesquisador se conscientize da fragmentação do saber científico e procure integrar essa problemática em uma visão da unidade do homem, na qual ele não seja visto unicamente como um objeto científico, e o corpo seja visualizado, sobretudo, como um corpo humano.

Esse ponto leva-nos à problemática da compartimentalização dos conhecimentos sobre o homem, que surgiu com a ciência moderna, que, fundada em uma visão dualista do homem em corpo e alma e em uma atitude de domínio da natureza, reduziu o corpo a objeto de inúmeras ciências. Essa problemática afeta diretamente a Educação Física, na medida em que ela necessita dos conhecimentos de diferentes áreas do saber, como a Biologia, a Anatomia, a Fisiologia, a Biomecânica, a Aprendizagem Motora, a Psicologia etc. Os conhecimentos advindos dessas áreas são importantes, e a existência de especialistas nessas áreas permite o aprofundamento e a ampliação do conhecimento, já que é impossível dominar todas os setores do saber. No entanto, é fundamental que esses especialistas não percam de vista a totalidade do ser humano e o sentido da Educação Física como ato educativo. As diferentes áreas do saber são apenas perspectivas, parcializações do homem, que, embora cooperem para seu conhecimento, não desvelam seu ser total, mascarando muitas vezes sua essência. O que criticamos não é a especialização em si, mas as diferentes formas de reducionismo (biologismo, psicologismo etc.) que muitas vezes estão implícitas nas pesquisas e nas práticas pedagógicas do professor de Educação Física. A transformação pessoal e social tem regras, por isso é importante que o educador conheça como se desenvolve o educando, como é seu corpo, como funciona seu organismo, como ele aprende movimentos, como atuam sobre ele as leis biomecânicas etc., conhecimentos esses que lhe fornecem os meios para orientar adequadamente a prática educativa, sem os quais se tornaria um profissional deficiente. No entanto, o educador não deve perder de vista a unidade do ato educativo. O movimento humano é mais do que o resultado da atuação de forças fisiológicas ou biomecânicas, ou de um processo de aprendizagem motora. O acento principal está no termo "humano": é o homem como um todo que se movimenta, o homem como um ser que pensa, sente e age, existindo em um mundo com o qual interage dialeticamente. É importante que o profissional de Educação Física se conscientize da necessidade de busca de uma integração, fundamentada em uma visão do homem como um todo. Enquanto a especialização é um processo que acontece espontaneamente, com a evolução do conhecimento científico, a integração requer um esforço consciente e racional[26]. A visão do homem como unidade que se relaciona dialeticamente com o mundo permite uma concepção do movimento humano que pode tornar-se o momento integrador, que dará um sentido teórico-prático à especialização e, ao mesmo tempo, será a ponte para a interconexão entre as ciências que estão na base da Educação Física.

Cabe aqui uma crítica a algumas pesquisas experimentais na área da Educação Física. Não negamos que essas pesquisas tragam alguns avanços na construção do conhecimento. O que criticamos aqui é que essas pesquisas, mesmo quando completamente descontextualizadas e desvinculadas de uma situação concreta, pretendam, muitas vezes, abranger o fenômeno educativo em toda sua complexidade.

Gostaríamos de lembrar que esse tipo de pesquisa tem muito a ver com a intenção de fazer da Educação Física uma ciência, restringindo a designação de ciência

---

26. Bogdan Suchodolski. *op. cit.*, p. 146.

somente à área de saber das ciências da natureza, e àquelas que utilizam o método científico. Do mesmo modo, muitas ciências humanas que embasam a prática pedagógica da Educação Física, como a Psicologia, a Educação, a Sociologia etc., com o a fã de adquirir um estatuto científico, reivindicam a utilização exclusiva do método científico e da quantificação, empobrecendo o conhecimento do mundo humano, que, em sua riqueza e complexidade, fica reduzido a um par de variáveis "mensuráveis" que se relacionam quantitativamente. A redução da atividade de pesquisa ao exercício exclusivo e formal do método das Ciências Naturais leva a uma produção científica que, embora chegue a alguns conhecimentos verdadeiros, é incapaz de atingir uma interpretação da realidade em profundidade, que penetre no âmago dos fenômenos, desvelando suas múltiplas interconexões. Essa ideia de ciência traz implícitas intenções ideológicas de mistificação e ocultação da verdadeira natureza social dos fenômenos, ao proclamar a neutralidade do pesquisador, ignorando sua relação dialética com o mundo, seu comprometimento com os fatos "científicos". Esses, por sua natureza social e histórica, nunca se libertam totalmente de suas características ideológicas e, em sua aparência asséptica, mascaram e ocultam relações de poder.

Concepção do homem como unidade,
mas desvinculado da sociedade

A concepção do homem como unidade, mas desvinculado da sociedade, verifica-se sobretudo na tendência que se observa no processo histórico da Educação Física denominada por Castellani Filho[27] de psicopedagogizante. Essa tendência revela-se em objetivos que acentuam uma preocupação com o psicológico: com o desenvolvimento da inteligência por meio da

---

27. Lino Castellani Filho. *op. cit.*

atividade física, com a formação de atitudes consideradas socialmente desejáveis, como a autonomia, a autossegurança, a sociabilidade, a cooperação, a iniciativa, o espírito de liderança etc. De uma maneira geral, essa tendência vê a educação do movimento como um meio de chegar à educação integral. Medina denomina essa tendência de "concepção modernizadora", na qual a Educação Física é vista como "a disciplina que, pelo movimento, cuida do corpo e da mente"[28].

Essa tendência ganha força no período pós-guerra e está impregnada de teorias psicopedagógicas escolanovistas de Dewey e da sociologia de Durkheim[29]. Por um lado, avança no sentido de ir contra a Educação tradicional, passiva, intelectualista e verbalista, e em visualizar a Educação Física como um fenômeno educativo. Por outro lado, embasa-se em uma concepção de Educação que, embora tenha como pressuposto a unidade biopsicológica do ser humano e pregue uma concepção de homem como um ser ativo, vê esse homem desvinculado de um compromisso transformador, sendo a função da Educação adaptá-lo à sociedade.

Essa tendência traz em si também uma concepção antropológica fragmentária. Pretendendo ver o homem como uma unidade, o vê, no entanto, sob uma ótica individualista, não conseguindo captá-lo em suas relações com o mundo. Dentro dessa perspectiva, a realidade social não é vista como uma criação do homem e como possuindo uma natureza histórica, mas, sim, como algo estático.

Embora essa tendência afirme a unidade do ser humano, pensamos poder denunciar a presença de um dualismo. O dualismo que perpassa essa concepção de homem revela-se na separação homem-mundo. Não é possível afirmar a unidade do homem em si mesmo e, ao mesmo tempo, negar ou ignorar sua relação dialética

---

28. João Paulo Medina. *A Educação Física cuida do corpo... e "mente"*, 1987, p. 80.
29. Paulo Ghiraldelli Junior. *op. cit.*

com o mundo. Essa nossa afirmação apoia-se na ideia de que a unidade corpo-alma encontra seu fundamento na unidade homem-mundo. O mundo revela-se ao homem como portador de significados e campo de possibilidades de sua práxis. Justamente no movimento de abertura ao mundo é que a unidade do homem se revela. É na experiência originária da percepção que se dá o sentido. Nesse encontro, não há distinção entre corpo e espírito. A práxis, que é abertura e ação no mundo, é práxis de um ser total.

Próximas a essa linha de pensamento, outras correntes penetram no âmbito educacional da Educação Física, fornecendo uma nova concepção de corporalidade e movimento. Uma delas é a corrente da Psicomotricidade. Essa corrente tem implícita uma concepção filosófica da corporeidade, que rejeita o dualismo cartesiano e propõe uma unidade substancial de corpo e espírito. O contexto filosófico e científico dessa corrente é muito amplo, abrangendo correntes filosóficas, como a Fenomenologia, e correntes psicológicas, como a Gestalt, a Psicanálise e a Psicologia do Desenvolvimento, e suas contribuições são muito importantes para a formação do professor de Educação Física. A nosso ver, falta, no entanto, uma dimensão de crítica à realidade social e uma inserção em um projeto coletivo de transformação dessa realidade.

A Educação Física como prática transformadora

Nossas reflexões sobre a Educação e a Educação Física como práxis transformadora, norteada por valores-fins — liberdade, verdade e justiça — e por uma visão de corporalidade e movimento, englobada em um conceito do homem como unidade, como um ser-no-mundo, como práxis, que cria sua própria essência genérica no processo dialético da história humana, constituem o ponto de partida para o nosso posicionamento e as nossas críticas às concepções predominantes na Educação Física.

A concepção que propomos pretende abranger um movimento de negação e de superação das tendências teórico-práticas vigentes na Educação Física. Isso significa que, ao mesmo tempo em que negamos aspectos inerentes a essas tendências, guardamos seus aspectos positivos. As ideias filosóficas nas quais embasamos nosso posicionamento, a nosso ver, permitem a crítica a essas tendências e, ao mesmo tempo, uma reordenação de seus aspectos positivos, englobando-os em uma síntese, que, no entanto, não está acabada, representando apenas o momento atual da nossa consciência, que também está sujeita a um processo histórico de transformação. Com esse objetivo, a seguir, discutiremos, separadamente, algumas questões específicas da Educação Física, procurando esboçar alguns pressupostos que consideramos válidos para orientar uma prática educativa que se pretenda libertadora.

A experiência corporal e o movimento — A compreensão do sentido da experiência corporal e do movimento é fundamental para a Educação Física. O que significa experiência corporal? A palavra experiência possui muitas acepções. Neste contexto, usamos a palavra experiência para designar "o que é dado anteriormente a qualquer reflexão ou predicação"[30]. Veit, em seu ensaio *O conceito de experiência em Hegel*, diz que "a experiência é um fenômeno primitivo e a tal ponto que é difícil defini-la. Ela é no mínimo um fato de consciência no qual uma presença se anuncia"[31]. A experiência corporal seria, assim, a experiência originária de nossa corporalidade e de nosso ser motriz.

Como vimos no capítulo anterior, pensamos o homem como uma unidade corpóreo-espiritual. Para embasar essa concepção, buscamos apoio no conceito de "corpo próprio" de Merleau-Ponty e de imagem corporal, segundo Rincón. O "corpo próprio" é o lugar da confluência do corpo e do espírito, do visível e do invisível, da

---
30. José Ferrater Mora. *Dicionário de filosofia*, 1982, p. 145.
31. Laetus Mário Veit. *O conceito da experiência em Hegel*, 1983, p. 17.

exterioridade e da interioridade, do homem e do mundo. Podemos dizer que o "corpo próprio" é a morada do inconsciente, onde estão "armazenadas não somente nossas experiências traumáticas, mas também aquelas que constituem o germe da criatividade e da transformação interior. O "corpo próprio" é o nosso ser uno e profundo como participante da facticidade. Ele penetra no mundo antes que tenhamos consciência disso, seleciona os aspectos que lhe trazem satisfação ou servem a seus propósitos, conscientes ou não, e ignora ou transforma os que causam tensão excessiva, como podemos constatar na utilização de mecanismos de defesa. Dele parte todo o movimento criativo. A nossa história pessoal está marcada em nosso corpo — nossos temores, alegrias, sentimentos de prazer e desprazer, de conforto e desconforto —, bem como a história coletiva, com os seus códigos sociais de comportamento corporal, aprendidos no decorrer de nossa vida. Assim, é compreensível que, ao longo de nossa vida, nosso corpo se deforme, alguns músculos se enrijeçam, enquanto outros se tornam flácidos, apareçam problemas de coluna, alguns sentidos percam sua acuidade, enquanto outros se aguçam etc. Essas transformações não se devem unicamente a processos naturais de envelhecimento, mas são resultantes da relação dialética do homem com o mundo, no qual ele constrói sua história.

A experiência corporal e do movimento inclui a percepção, anterior a qualquer formação de conceitos, das possibilidades e dos limites do corpo físico — "conhecimento" esse fundado em experiências anteriores e nas características da situação presente — e, ao mesmo tempo, a percepção do mundo circundante, em sua relação com ele. A experiência corporal está no cerne da transformação do "corpo próprio" no decorrer de nossa vida e na realização de cada movimento. Toda transformação traz em si uma modificação na forma de perceber a si próprio e aos objetos.

A Educação Física trabalha com o movimento corporal. Ela trabalha, portanto, com o homem em sua totalidade. Compreendemos o movimento humano, conforme já tratamos no capítulo anterior, numa perspectiva dialética, que pretendemos retomar aqui. O movimento humano é uma totalidade dinâmica, que se reestrutura, a cada instante, em função de dois polos: homem e mundo. Um constitui a negação do outro, formando uma polaridade em constante tensão. Ao mesmo tempo, um não pode ser compreendido sem o outro. Em todo movimento humano está presente o encontro de uma intenção de um sujeito com o mundo. O sentido do movimento é, assim, ao mesmo tempo, subjetivo e objetivo. Todo corpo se move com uma intenção determinada; por exemplo, arremessar uma bola em um alvo. Em todo movimento, o sujeito que o executa forma com o objetivo (arremessar no alvo), uma totalidade, que se reestrutura a cada instante, conforme se modifica a percepção do objetivo (distância, ângulo de arremesso etc.), do próprio sujeito que arremessa (posição das mãos, dos pés, força necessária etc.), do objeto a ser arremessado (peso da bola, forma etc.) e da mútua relação. A intenção do movimento é o fator totalizador das etapas parciais, da percepção do sujeito dos seus próprios movimentos e da percepção dos componentes exteriores da situação (outras pessoas ou outros objetos). No mundo e no próprio corpo físico, encontra-se uma resistência que, no processo do movimento, busca a superação. Assim, os movimentos corporais não são relações mecânicas, estabelecidas por um corpo que percorre um espaço fixo, objetivo, mas relações dialéticas, em que o sujeito motriz forma, com o espaço circundante e os seres que habitam esse espaço, uma totalidade aberta.

O "corpo próprio" não se reduz ao nosso corpo físico (músculos, órgãos, tendões etc.), mas, sim, nele encontra suas possibilidades e seus limites. Como exemplo, podemos citar muitos acontecimentos cotidianos, em que, ao intencionar e realizar um movimento, encontramos inúmeros limites que definimos como falta de força, flexibilidade, equilíbrio, problemas posturais etc. A Educação Física em seu aspecto de educação do movimento — aspecto importante, mas que não esgota todo seu sentido — visa explorar as possibilidades naturais do corpo físico (obviamente, respeitando seus limites naturais), auxiliar na criação do gesto harmônico, no qual o "corpo próprio" "habita" um corpo, no qual o movimento pode fluir com um mínimo de resistência. Mesmo nos movimentos desportivos, que se constituem em uma apropriação do espaço e do tempo estabelecida por códigos de posturas e gestos corporais, sua execução singular encontra seu fundamento em uma "sabedoria" corporal, que decorre da vivência concreta do gesto. A execução do movimento espontâneo, bem como do gesto desportivo, ligado a regras predeterminadas, inclui, assim, um desenvolvimento progressivo, uma transformação dinâmica do "corpo próprio" e do corpo físico. No acompanhamento desse desenvolvimento e na sua orientação está o papel do professor de Educação Física como educador do movimento, seja qual for o tipo de movimento a ser aprendido. A razão de ser da Educação Física reside no fato de que o homem como um ser corpóreo e motriz necessita de aprendizagem e experiência, para lidar de forma adequada com sua corporalidade e seus movimentos[32]. Proporcionar ao aluno uma autêntica experiência corporal parece que deve ser uma busca constante do professor de Educação Física, seja qual for o conteúdo específico de sua aula.

Do ponto de vista pedagógico, Funke[33] distingue quatro aspectos da experiência corporal:

a) como consciência corporal, em que o objetivo é que o aluno tome consciência de seu corpo, de sua respiração, de seu andar, de sua postura, de seu nível de relaxamento e excitação etc.; b) como experiência com o corpo, em que o aluno se conscientiza de como experimenta o mundo corporalmente, como sentir a água ao nadar, por exemplo; c) como experiência do meu corpo no espelho dos outros, o que significa trocar informações

---

32. Juergen Funke. *Sportunterricht als Koerpererfahrung*, 1983, p. 9.
33. *Ibid.*, pp. 7-8.

sobre como o corpo e os movimentos são percebidos pelos outros; d) como vivência da expressividade do corpo e da interpretação da linguagem corporal dos outros.

De que modo a perspectiva de ver o movimento humano como experiência corporal pode auxiliar o professor de Educação Física na sua prática pedagógica? Consideramos que essa concepção pode trazer uma mudança na maneira de o professor de Educação Física orientar suas aulas, fundamentalmente modificando sua postura ante o ensino do movimento: este passa a ser compreendido como algo que não é realizado mecanicamente, mas, sim, que surge do encontro da interioridade de cada um com o mundo e revela uma relação singular com sua corporalidade e com este mundo. O sentido do movimento humano age como integrador das etapas consecutivas. Assim, todos os movimentos realizados em aula devem ser portadores de um sentido para o aluno. Esse sentido não envolve somente a direção do movimento em relação a um objetivo externo (por exemplo, "arremessar em um determinado alvo"), mas também os componentes subjetivos (como aspirações, temores, emoções de alegria, sentimentos de amizade, hostilidade etc.), bem como as transformações corporais que ocorrem na realização dos movimentos. Esse conceito do movimento levará o professor a evitar, como conteúdo de suas aulas, movimentos realizados abstratamente, sem sentido para o aluno, compreendendo que, por meio de movimentos desse tipo, ele está incentivando a dissociação interna entre movimento e sentido, entre sensibilidade e razão. Parcializando os movimentos, o professor está bloqueando a compreensão de relações significativas. A prática de atividades físicas, realizada de forma mecânica, simplesmente reativa, sem criatividade e participação do aluno e sem seu conhecimento das transformações ocorridas em seu corpo, está cooperando para a formação de um indivíduo apático, que deixa de interpretar o mundo por si próprio, para se abandonar à interpretação dos outros, um indivíduo que se adapta a este mundo, sem questionar seus absurdos e que não se sente engajado em uma ação transformadora. Essa concepção do movimento humano revela, nessa perspectiva, o sentido moral e político da Educação Física.

A concepção do movimento humano que tentamos esboçar, a partir do pensamento de Merleau-Ponty e da análise fenomenológica de Rincón, tem afinidades com a concepção de movimento como "diálogo entre o homem e o mundo". Essa concepção é trabalhada pelo holandês Gordijn e embasa-se na antropologia de Buytendijk[34], sendo divulgada em língua alemã por Tamboer[35]. Os atos de movimento, mesmo os mais simples como caminhar, correr, saltar etc., revelam uma forma de relacionamento do homem consigo mesmo e com o mundo. O significado do movimento é uma ideia central nas reflexões de Gordijn. Ao movimentar-se, o homem relaciona-se com algo que está fora dele, podendo ser outros homens ou objetos. Esses são interrogados sobre seu significado para o indivíduo, constituindo-se o movimentar-se sempre de perguntas e respostas[36]. Por exemplo, a bola é interroga-

---

34. Buytendijk, em sua obra *Attitudes et mouvements* (1957), parte também do princípio de que o "movimento pertence à unidade psicofísica humana. (...). Trata-se de uma referência a um mundo fenomenal anterior à distinção entre o físico e o psíquico. Este plano fenomenal diferente é o da existência humana como presença corporal no mundo" (*op. cit.*, p. 65). "(...) A apreensão do sentidodos movimentos situa-se numa esfera neutra do ponto de vista psicofísico. Trata-se de uma categoria de experiência anterior à distinção entre físico e psíquico ou, pelo menos, de uma região onde esta distinção é inoperante" (*op. cit.*, p. 48). Podemos perceber a semelhança do pensamento de Buytendijk com o pensamento de Merleau-Ponty. Essa semelhança, o autor de onde retiramos as citações de Buytendijk, Jean Le Camus, constata, comentando as citações acima: "Neste ponto ele se apresenta muito próximo de Merleau-Ponty, cujos principais trabalhos conhece" (Jean Le Camus. *O corpo em discussão*. 1986, p. 35). Por sua vez, Merleau-Ponty, em sua obra *A estrutura do comportamento* (1972) cita a obra de Buytendijk *Psychologie des animaux*, em diversos momentos. Sendo assim, é compreensível que a nossa concepção de movimento tenha afinidade com a teoria de Gordijn. Por outro lado, a afinidade entre a nossa concepção de movimento e a concepção de Gordijn também se explica pelo fato de esse autor diretamente, segundo Tamboer, seguir "as concepões de pensadores fenomenólogo-existenciais como Marcel, Sartre e sobretudo Merleau-Ponty"(*Sich-Bewegen — ein Dialog zwischen Mensch und* Welt, 1979, p.17).
35. Jean Tamboer. *Sich-Bewegen — ein Dialog zwischen Mensch und Welt*, 1979.
36. *Ibid.*, p. 16.

da a respeito de sua capacidade de rolar, pular etc. O adversário ou companheiro, sobre suas intenções de movimento. Movimentar-se constitui, assim, um diálogo do homem com o mundo, participando os dois na configuração do movimento. O significado de um movimento surge na situação que a cada momento se configura, e cada vez se estabelece um novo diálogo do homem com o mundo[37]. O significado das ações motoras é adquirido na experiência mesma do movimento, no processo pessoal do diálogo, ocorrendo o processo de aprendizagem em diferentes graus de dificuldade, como por exemplo, em realizar a experiência de que não podemos caminhar na água e a aprendizagem do nado de peito[38]. Tamboer considera a tese de Gordijn, de que a significação surge do diálogo, embora correta, pouco fundamentada[39]. Não conhecendo a obra de Gordijn no original, não podemos fazer uma apreciação crítica dessa afirmativa.

Para essa concepção, como para a concepção que defendemos, o movimento humano, em sua totalidade, não se explica, exclusivamente, por reações corporais anátomo-fisiológicas do sistema nervoso a estímulos do meio, nem por uma intenção subjetiva, desligada do mundo, mas, sim, pela relação homem-mundo. Nega-se a aceitar paradigmas que se apoiam na separação de homem e mundo, sujeito e objeto, corpo e espírito, distinguindo-se, assim, de uma perspectiva biomecânica, behaviorista ou cibernética.

A nossa perspectiva para estudar a problemática do movimento, conforme desenvolvemos no capítulo anterior e retomamos neste item, parte de uma busca da compreensão do "corpo próprio" e do seu sentido ontológico na constituição do significado das ações motoras. O "corpo próprio" transforma-se no decorrer de nossa vida, por meio de nossas experiências. A partir do "corpo próprio" e do contato com o mundo em uma

---

37. Klaus Moegling. *Bewegung in der Bewegungslehre*, 1987, p. 26.
38. Jean Tamboer. *op. cit.*, p. 17.
39. *Ibid.*, pp. 16-17.

determinada situação, estruturamos e reestruturamos nossa percepção e nossa interpretação do mundo e agimos neste mundo, transformando este mundo, ao mesmo tempo que transformamos a nós próprios. O "corpo próprio" possui, assim, um "conhecimento" pré-reflexivo da situação, "conhecimento" que também está ligado à configuração externa da situação, e que surge do encontro da subjetividade com o mundo objetivo.

Uma indicação importante para reflexão do professor de Educação Física seria a de que é importante que o aluno forme seus próprios significados de movimento, por meio de experiências em que possa vivenciar diretamente o sentido de uma determinada ação motora.

Resumindo e retomando alguns pontos, afirmamos:

O CORPO SENTE

A relação de unidade do homem com o mundo é uma relação viva e funda-se na sensibilidade. O sentir é anterior ao pensamento, pois, como dizia Merleau-Ponty: "Todo o saber se instala nos horizontes abertos pela percepção"[40]. Na experiência corporal, sensação, percepção e ação formam uma unidade indissociável. O corpo sente, ao mesmo tempo que estrutura a percepção e se move. Os sentidos se intercomunicam, formando uma síntese perceptiva, que é uma experiência pré-objetiva e pré-consciente. O pensar assenta-se sobre essa experiência, em que o homem se abre para o mundo.

O CORPO EXPRESSA

O sentir expressa-se de todas as formas em nosso corpo: no ritmo de nossa respiração, nos nossos passos, na nossa postura, na contração ou descontração dos nossos músculos, no tônus muscular, na contração da pupila, na agitação das mãos, no suor etc. O corpo

---
40. Maurice Merleau-Ponty. *Fenomenologia da percepção*, 1971, p. 214.

expressa, mesmo quando quer ocultar. O corpo expressa não somente nossa história individual, mas também a história acumulada de uma sociedade, que nele imprimiu seus códigos. A tendência do homem moderno é reprimir sua expressividade corporal, criando com isso formas estereotipadas de comportamento corporal. Liberar o movimento espontâneo é liberar o nosso Eu autêntico, é deixá-lo ir ao encontro do mundo, descobrindo sua verdade.

O CORPO COMUNICA

A comunicação corporal é anterior a qualquer entendimento verbal. Como já afirmamos, a própria palavra é também corporeidade. A verdadeira comunicação entre as pessoas se dá de forma direta e na região pré-consciente do sentir. No movimento corporal, há uma analogia com a linguagem. Como na linguagem, no movimento corporal o inteligível e o sensível se unem na produção do sentido.

O CORPO CRIA E SIGNIFICA

Em cada movimento corporal, o novo é criado. O movimento corporal nunca se repete, pois uma situação nunca é a mesma como também não o é o homem. Ser capaz de captar o novo em cada situação, isto é, de atribuir novos significados e de agir criando o novo em si próprio, parece ser a essência da criatividade. A criatividade tem sua raiz no "corpo próprio" e está no cerne de toda transformação.

Baseando-se em uma concepção da unidade do corpo próprio, da unidade do movimento e do sentido do movimento, da unidade intersensorial e da unidade espácio-temporal, o professor de Educação Física pode configurar de forma diferente suas aulas, possibilitando ao aluno autênticas experiências corporais, procurando resgatar a sensibilidade, a expressividade, a criatividade, a espontaneidade de seus movimentos e sua capacidade comunicativa. Encontram-se muitas sugestões válidas, que apontam para a experiência corporal na prática pedagógica, em correntes como a antiginástica, a psicomotricidade, a expressão corporal e o psicodrama, sugestões essas que podem ser utilizadas tanto na orientação de movimentos naturais, como na aprendizagem de gestos desportivos.

A questão da saúde e da aptidão física — A aquisição de aptidão física e de saúde é, sem dúvida, um dos objetivos importantes da Educação Física. A nossa crítica a esse objetivo dirige-se ao reducionismo que está presente na concepção de saúde daqueles que defendem a prioridade absoluta desse objetivo. Essa tendência traz implícita uma visão fragmentária do homem, em que esse é visto somente como um ser biológico. Segundo nossa concepção do homem como um ser-no-mundo, a saúde não pode ser vista como um fenômeno exclusivamente físico nem dissociado da realidade social, mas, sim, dentro de uma visão integrada.

A aquisição de aptidão física e de saúde diz respeito ao homem como ser total. Tudo o que acontece em nosso corpo físico é, ao mesmo tempo, um acontecimento espiritual. O medo, por exemplo, ao mesmo tempo que é um fenômeno psíquico, envolvendo fantasias, lembranças e associações, é um fenômeno corporal, que se manifesta, no metabolismo hormonal, na atividade motora, nas contrações musculares, no sistema cardiovascular etc. A saúde não pode, assim, ser visualizada de uma perspectiva reducionista, mas, sim, de uma perspectiva que abranja o ser humano em sua unidade e em sua relação com o mundo.

Já afirmamos anteriormente que a história da sociedade está gravada em nosso corpo. E isso ocorre não somente no que se refere a comportamentos e símbolos corporais, mas também em relação à questão da saúde e da aptidão física. As doenças psicossomáticas existentes em nossa época mostram sua relação intrínseca com as características desumanizantes da sociedade moderna. A literatura nos fornece estudos que revelam a origem social de inúmeras doenças, como, por exemplo, infarto do miocárdio, úlcera estomacal, hipertensão etc., incluindo até a predisposição para doenças infecciosas. A atividade excessiva de trabalho, a concorrência, a ambição, o controle das emoções em virtude da necessidade de adaptação social são as características da personalidade com tendências ao infarto, características essas que correspondem ao ideal de educação da sociedade burguesa[41]. Como já vimos no primeiro capítulo, o processo de civilização trouxe consigo um aumento na repressão de impulsos e emoções do homem, que, ao não poder manifestar seu ser total de forma espontânea, expressa-se em forma de perturbações e doenças. Conforme já tratamos no primeiro capítulo, a anulação progressiva do corpo e a valorização unilateral de processos racionais, que se constatam na história da civilização ocidental, enfraquecem o homem em suas vivências concretas, que perdem o caráter de totalidade, cindindo-o e levando-o a viver pela metade. Ao lado disso, temos a tecnologização e a mecanização da vida moderna, as condições de vida nas grandes cidades, como a poluição do ar, a poluição sonora, a falta de espaço físico etc. que trazem inúmeros problemas à vida do movimento e à saúde.

Outro aspecto que diz respeito à relação da saúde com o contexto social é a questão dos diferentes significados que têm o tratamento do corpo, a saúde e a prática de atividades físicas, nas diferentes classes sociais. A realidade socioeconômica determina, em grande parte, as relações do homem com seu corpo e a questão da saúde. Na sociedade brasileira, a maior parte da população é de baixa renda, e por isso vive em condições de extrema pobreza, onde a higiene é precária, a alimentação é deficiente e as condições de habitação, péssimas. O corpo do trabalhador é um corpo sofrido, precocemente envelhecido e desgastado, pois esse não possui condições de mantê-lo nem em um estado de relativa saúde, quanto mais de viver integralmente o seu ser como corporalidade e movimento. No trabalho, aliena-se para executar tarefas repetitivas,

---

41. Annelie Keil e Herbert Maier. *Die Arbeit am und mit dem Koerper*, 1984, p. 111.

desprovidas de criatividade, em que os movimentos devem ser realizados de uma única forma, que obedece ao processo de racionalização, e onde sua corporalidade é explorada e reduzida a um instrumento da produção. As condições de trabalho, pelo que se conhece no Brasil, são péssimas à saúde do trabalhador, incorrendo esse não raramente em perigo de vida. A contradição profunda do capitalismo selvagem dos países de Terceiro Mundo reside justamente, no fato de explorar o trabalhador corporalmente, e, ao mesmo tempo que necessita dele para a produção de bens, como um instrumento de crescimento do capital, não é capaz de garantir, nem em grau mínimo, sua sobrevivência, fornecendo-lhe meios de poder manter sua saúde.

A Educação Física não pode ignorar as relações da saúde com o contexto geral, onde o homem se insere como um todo, para estar apta a desmistificar, nas práticas vigentes, seu conteúdo ideológico e alienante. Na história da Educação brasileira, conforme revelam os estudos de Castellani Filho[42], Ghiraldelli Júnior[43] e Medina[44], podemos constatar uma utilização da Educação Física com propósitos higienistas, ao pretender "uma sociedade livre de doenças infecciosas e dos vícios deteriorados da saúde e do caráter do homem do povo"[45]. Desde o período colonial, tendo como objetivo "criar o corpo saudável, robusto e harmonioso organicamente", em oposição ao "corpo relapso, flácido e doentio do indivíduo colonial", a Educação Física tornou-se um instrumento de justificação e legitimação da dominação da classe burguesa, marginalizando todos aqueles que, por sua raça e sua classe social, não se incluíssem nesse modelo, incentivando desse modo o racismo e a discriminação social. Por outro lado, havia barreiras à Educação Física, pela associação dessa com o trabalho corporal, sempre desprestigiado pelas clas-

---

42. Lino Castellani Filho. *op. cit.*
43. Paulo Ghiraldelli Júnior. *op. cit.*
44. João Paulo Medina. *O brasileiro e seu corpo.* 1987.
45. Paulo Ghiraldelli Júnior. *op. cit.*, p. 17.

ses dominantes[46]. A tendência higienista da Educação Física permaneceu, durante muito tempo, sendo absorvida posteriormente por uma tendência militarista, que inculcou nela seu pensamento "autoritário e politicamente reacionário"[47], vigente nos meios militares desde 1910. Essa tendência, ao lado da função higienista e eugenista da Educação Física, via, nesta última, a função de promover a obediência e a disciplina, resquícios que ainda sobrevivem nas práticas educativas de muitos professores. A militarização acentuou também o aspecto eugenista da Educação Física, vendo-a como atividade "aceleradora do processo de seleção natural"[48].

Nessa breve menção aos antecedentes históricos da Educação Física no Brasil, não pretendemos nos aprofundar no problema, pois não é o objetivo do nosso estudo, e, além disso, as obras que citamos oferecem uma análise ampla e profunda desse assunto. Pretendemos, outrossim, salientar a importância que tem o conhecimento dos antecedentes históricos na compreensão da problemática atual de qualquer fenômeno social.

Conforme apresentamos no capítulo anterior, a realidade humano-social é uma realidade histórica, que se transforma constantemente. O homem, na sua práxis, transforma o mundo e transforma a si mesmo, num movimento dialético. Na práxis humana, as relações de trabalho são determinantes do todo social e reproduzem-se em todas as instâncias da vida humana, influindo no modo como o homem organiza sua vida em sociedade. Um fenômeno social só pode ser compreendido em sua interconexão com os outros fenômenos, e em sua relação com o todo social. Assim, a relação da Educação Física com a saúde não pode ser visualizada como um fenômeno isolado, mas, para compreendê-la, é necessário desvendar suas raízes históricas, desmis-

---

46. Lino Castellani Filho. op. cit., p. 43.
47. Paulo Ghiraldelli Júnior. op. cit., p. 38.
48. Ibid., p. 26.

tificando as relações de poder e dominação que se ocultam nos objetivos, nas leis, na ideologia de seus profissionais. Somente dentro de uma perspectiva transformadora, a Educação Física é capaz de retomar de forma consciente seus objetivos de promover a saúde e a aquisição da aptidão física. Dentro dessa perspectiva, a saúde pessoal não pode ser vista fora da concepção de homem como totalidade dialética, que possui uma história pessoal, imersa em um todo social, que determina, em grande parte, suas condições de saúde. Por outro lado, a saúde coletiva não pode ser pensada como um fenômeno isolado, mas, sim, como um fenômeno social, histórico, que abriga, na sociedade contemporânea, a exploração e a dominação. A alternativa transformadora, na visualização da relação da Educação Física com a saúde e a aptidão física, não subtrai dela esses objetivos, nem minimiza sua importância, mas, sim, propõe uma nova forma de tratar essa problemática e de integrá-la em sua práxis, a partir dessa concepção.

O desenvolvimento pessoal e a questão social — A Educação Física como práxis educativa tem como objetivo formar a personalidade do aluno mediante a atividade física, de modo a torná-lo capaz de enriquecer e organizar sua vida pessoal. Lidando com o corpo e o movimento integrado na totalidade do ser humano, a Educação Física atua nas camadas mais profundas da personalidade, onde se formam os interesses, as inclinações pessoais, as aspirações e os pensamentos. Inserida em uma luta política pela transformação social, a Educação Física busca, em última instância, a mudança de consciência. Como lembra Marcuse, essa mudança exige mais do que a aquisição de uma consciência política, pois aponta para a criação de um novo "sistema de necessidades", que inclui "uma sensibilidade, imaginação e razão emancipadas do domínio da exploração"[49]. A Educação Física transformadora visa, assim, ao desenvolvimento da per-

---

49. Herbert Marcuse. *A dimensão estética*, 1986, p. 46.

sonalidade humana de forma total, abrangendo todas as possibilidades de emancipação dos seus atributos humanos, e a sua integração na vida social, o que significa compromisso e responsabilidade social.

É objetivo da Educação Física, e da Educação em geral, propiciar o desenvolvimento de qualidades pessoais como a autonomia, a capacidade de decisão, a autoconfiança, a cooperação, a criatividade e a socialidade, entre outras. No entanto, elas só adquirem sentido se visualizadas em uma perspectiva ético-social. Explicitando melhor: o desenvolvimento da autonomia, por exemplo, é importante no desenvolvimento da personalidade. Possuir autonomia é uma condição para ser livre. Entretanto, eu posso agir com autonomia e praticar ações que estão em contradição com a efetivação concreta de valores morais como a justiça, a liberdade e a verdade. Posso agir com autonomia, porém visando a fins individualistas, colocando os interesses próprios acima dos interesses comunitários. O desenvolvimento dessas qualidades, portanto, somente se constitui em um objetivo educativo válido se forem visualizadas em sua dimensão social.

Os valores pelos quais optamos para dimensionar o aspecto teleológico da Educação — liberdade, verdade e justiça — somente têm sentido real em uma prática concreta, na qual o enriquecimento pessoal se encontra em uma relação dialética com o progresso social. A autonomia, a capacidade de decisão, a iniciativa etc., que trazem em seu cerne a ideia de liberdade, somente se tornam qualidades autenticamente humanas dentro de uma perspectiva social, na qual a liberdade individual se supera na liberdade coletiva. A liberdade só tem sentido se os outros homens também forem livres. A justiça, se for justiça social. A verdade, se for partilhada intersubjetivamente.

Para o desenvolvimento da personalidade, dentro de uma perspectiva dialética, a Educação Física oferece um vasto campo de experiências educativas — na prática de jogos, no desporto escolar, no lazer, na configuração das aulas etc. —, dependendo da criatividade e do empenho do professor em, conscientemente, orientar suas aulas para esses objetivos.

Sugestões válidas para tal, encontramos nas *Aulas abertas para a experiência*, desenvolvidas por Hildebrant e Laging[50], que, partindo de uma crítica ao ensino da Educação Física — que não vê o aluno como sujeito, mas, sim, como objeto da aula —, embasa-se no princípio de um ensino aberto e orientado no aluno, com o objetivo de ir ao encontro de suas necessidades e de sesus interesses, possibilitando sua autonomia e a emersão de processos criativos de reflexão e ação, por meio da coparticipação nas decisões concernentes às diversas etapas da ação educativa.

Dentro de uma perspectiva transformadora, a busca desses objetivos deve ter como ponto de partida a crítica aos valores da sociedade industrial moderna e à forma como eles se efetivam na realidade brasileira, pretendendo sempre superá-los em uma ação concreta. Na sua prática educativa, é importante que o professor desmistifique para os alunos as relações de dominação de uma classe sobre a outra e suas consequências na forma de ser e pensar de indivíduos e grupos, proporcionando vivências de organização comunitária objetivadas segundo valores democráticos. Isso significa que o professor orienta conscientemente o processo educativo para esses objetivos, procurando formar o homem que seja capaz de gerar as transformações sociais. A prática revolucionária exige uma reformulação de objetivos, métodos de ensino e formas de avaliação, para que esses se adaptem ao projeto de humanização do homem e de transformação social. Evidentemente, existe uma dissociação, quando o discurso do professor é de liberdade e sua prática educativa é autoritária, não admitindo a participação do aluno.

Nas leis que legitimam a prática escolar da Educação Física, e mesmo na ideologia de seus profissio-

---

50. Reiner Hildebrandtt e Ralf Laging. *Offene Konzepte im Sportunterricht*, 1981.

nais, já esteve presente e permanece, em parte, até hoje, a ideia de uma função socializadora da Educação Física, de contribuir para a adaptação do aluno à sociedade. Dentro de uma perspectiva transformadora, entretanto, o objetivo da Educação Física não é levar o aluno à adaptação, mas, sim, como diz Fiori, a "participar, desadaptar-se e recriar"[51].

A Educação Física e o esporte — Em itens anteriores, já apresentamos críticas ao esporte competitivo, tal como ele se concretiza na sociedade moderna. Nosso objetivo é resgatar seus aspectos positivos e apontar para a necessidade de sua transformação, para que se torne um fator de humanização do homem.

Nas suas origens, o esporte tem um caráter lúdico, estando, em seu cerne, o prazer do homem em brincar. Procurando compreender a natureza do brincar, pensamos, em primeiro lugar, em espontaneidade. O brincar realiza-se em um contexto em que as ações assumem outra dimensão, diversa da que assumiriam na realidade. As ações submetem-se a determinadas regras, mas mesmo o cumprimento dessas regras se caracteriza por um sentimento de não realidade, o que faz com que percam seu caráter coercitivo. O brincar envolve também confraternização, comunicação com os outros, em um contexto livre de ameaças. No cerne do lúdico, parece estar a criatividade, a ação humana com vistas a criar a cada momento o novo, em um envolvimento ativo do homem como um ser total, que se comunica com os outros e com o mundo, e no qual o movimento em si mesmo é a finalidade.

O esporte competitivo, conforme já afirmamos, perdeu, há muito, suas características lúdicas, ao reproduzir as tendências históricas da sociedade industrial: a racionalização, a competição, o rendimento e a elitização. A gratuidade do movimento presente no jogo, a liberdade corporal, foi transformada, no esporte com-

---

51. Ernani Maria Fiori. *Educação e conscientização*, 1986. p. 9.

petitivo, em regras rígidas, onde prevalecem a disciplina e a instrumentalização do corpo. Sendo um complexo fenômeno social, um produto específico da sociedade industrial, o esporte competitivo participa de suas contradições e ambiguidades, tornando-se um fator político de propaganda a serviço das classes dominantes.

O esporte estudantil tem outros objetivos, ligados fundamentalmente à Educação; no entanto, em grande parte, reflete as características do esporte de alto nível. Como diz Santin "... a Educação Física parece assumir mais um caráter de treinamento ou adestramento do movimento corporal, mais do que propriamente de uma educação física e humana"[52]. O atleta em potencial, muitas vezes ainda criança, é visto por uma grande parte dos técnicos como um instrumento de seu sucesso, sendo a existência do aluno como pessoa e os objetivos educativos colocados em segundo plano, em função de objetivos competitivos. Isso nos aponta para os inumeráveis prejuízos irreversíveis que a especialização precoce acarreta ao atleta, deformando seu corpo e impedindo-o de viver em plenitude como corporalidade.

Como uma conquista cultural, o esporte é uma aquisição que pertence ao patrimônio da humanidade e, como tal, deve ser transmitido ao aluno, como conteúdo das aulas de Educação Física. No entanto, precisamos rever o esporte estudantil numa ótica transformadora, fundamentar sua prática em valores educativos, para que o próprio esporte de alto nível possa tornar-se um fator que promova a humanização do homem. O ponto de partida parece ser uma crítica ao esporte competitivo, aos seus aspectos alienantes: uma crítica que desvele sua natureza histórico-social, sua interconexão com os outros fenômenos sociais, para, a partir dessa conscientização, buscar superar seus aspectos negativos em uma prática na qual se coloque, em primeiro lugar, a emancipação do homem e a transformação da sociedade.

---

52. Silvino Santin. *Educação Física: uma abordagem filosófica da corporeidade*, 1987, p. 38.

Consideramos fundamental que a Educação Física como projeto educativo, no ensino do esporte institucionalizado, tenha como objetivo primordial proporcionar ao aluno experiências em que ele aprenda a lidar com sua corporalidade não como um instrumento, do qual deve tirar o máximo de produtividade e habilidade técnica, mas como uma "relação existencial"[53]. Isso significa reconhecer que a identidade corporal é inseparável da identidade psicológica e social. Sendo assim, o professor, ao procurar que o aluno desenvolva habilidades técnicas e táticas desportivas, deve ter sempre presente a unidade da experiência corporal: a intrínseca ligação da execução do gesto e do desempenho no esporte com a realidade existencial do aluno. Isso envolve não somente as condições psicológicas do aluno — temores, bloqueios, agressividade, aspirações, fantasias, formas de relacionar-se com os outros etc. —, mas também as condições sociais, as ideologias em relação à corporalidade que estão ligadas à sua situação de membro da sociedade e de uma determinada classe social.

Dentro da perspectiva transformadora, a prática do esporte no âmbito escolar, fugindo de uma prática de competição exagerada, elitizante e agressiva, oferece amplas oportunidades ao professor de Educação Física para proporcionar aos alunos autênticas experiências corporais e, ao mesmo tempo, a possibilidade de vivenciar concretamente princípios democráticos. Bracht, em sua dissertação de mestrado, *A Educação Física escolar como campo de vivência social*, mostra que, na aprendizagem de qualquer desporto, com a utilização da "metodologia funcional-integrativa" — que incentiva a reflexão e o diálogo, a participação dos alunos nas decisões, que são tomadas em conjunto pelos elementos do grupo e pelo professor; que possibilita a mudança de regras desportivas, para que todos os integrantes do grupo possam participar; que proporciona a existência de um clima agradável de cooperação e companhei-

---

53. Michael Diettrich e Michael Klein. *Koerpererfahrung im Sportunterricht*, 1984, p. 139.

rismo —, a aula de Educação física pode se transformar em um "campo de ação e vivência social"[54].

As experiências pedagógicas de cunho transformador não conseguirão por si só reelaborar, em sua amplitude, o esporte de alto nível. Essa modificação um processo dialético que se dará com a transformação da própria sociedade. A aula de Educação Física pode, no entanto, constituir um espaço onde o aluno poderá vivenciar os princípios democráticos de liberdade, participação, cooperação, deliberação coletiva e modificação das condições de ação, quando a situação o exigir. A Educação Física estará, dessa forma, contribuindo para a formação do aluno como um agente de mudanças sociais.

A Educação Física e o lazer — Um dos objetivos da Educação Física é preparar o homem para a atividade durante seu tempo livre, o que significa prepará-lo para o lazer. Esse objetivo é inerente à Educação em geral; diz respeito, no entanto, especificamente à Educação Física, pela natureza das atividades que ela abrange.

O tempo livre, em contraposição ao tempo de trabalho, sempre existiu em toda a história da civilização. No entanto, sua regulamentação e sua realização em um tempo prefixado surgiram na época industrial, ao mesmo tempo que o trabalho adquiriu uma forma organizada. O acesso ao lazer é, assim, uma consequência da evolução da sociedade industrial, com o surgimento do trabalho assalariado.

Não pretendemos nos deter na análise deste tema, mas somente apontar para o sentido do lazer dentro da concepção de homem e sociedade, na qual apoiamos nossas reflexões. O projeto de transformação social, pelo movimento dialético da relação do homem com o mundo, não se dá separadamente do projeto de huma-

---

54. Walter Bracht. *A Educação Física escolar como campo de vivência social*, 1988. Trata-se do resumo da tese de mestrado de Bracht — concluída em 1984, no curso de mestrado em Ciência do Movimento da Universidade Federal de Santa Maria —, publicado na *Revista Brasileira de Ciências do Esporte*, Vol. 9, nº 3, maio/1988, pp. 23-39.

nização do homem — do resgate da sua sensibilidade, da vivência total de seu ser corpóreo e espiritual, da liberdade e da criatividade — e abrange as realizações humanas tanto no mundo do trabalho como no mundo do lazer.

Tanto o mundo do trabalho como o mundo do lazer estão inseridos na totalidade concreta do real e submetidos ao processo de evolução histórica, processo no qual os fenômenos se interconectam e adquirem seu sentido. Conforme tratamos no capítulo anterior, a evolução histórica da sociedade moderna se dá sob o imperativo do capital e da moderna tecnologia, cuja racionalidade penetra em todas as instâncias da vida humana. Nessa perspectiva, o mundo do lazer não se constitui em um fenômeno isolado, mas participa das contradições da sociedade moderna, tornando-se um fenômeno complexo, pelas suas múltiplas inter-relações: com o mundo do trabalho, com o mundo da cultura, com o mundo da comunicação, com as instituições etc. Conforme análise de Dumazedier, a evolução do fenômeno do lazer pode ser compreendida por meio de quatro dinâmicas, que auxiliam a esclarecer essas inter-relações: a técnico-econômica, em que a ampliação do tempo livre é um resultado da aplicação da ciência e da técnica na produção; a social, como consequência de reivindicações do movimento sindical e dos interesses da indústria em proporcionar mais tempo para o consumo de seus produtos; a da regressão institucional, que significa a regressão do controle social exercido sobre o indivíduo pelas instituições família, religião e política; a cultural, em cuja ótica o lazer se revela como uma busca de expressão individual e grupal, por intermédio de interesses físicos, artísticos, intelectuais ou sociais, em oposição a uma cultura repressiva[55].

O ponto de partida para uma compreensão maior desse fenômeno, parece-nos ser uma crítica à forma que o lazer assumiu na sociedade contemporânea. Ten-

---

55. Katia Cavalcanti. *Esporte para todos, um discurso ideológico*, 1984, p. 59.

do sua origem na necessidade de compensação para o desgaste físico e psicológico produzido pelo trabalho industrial, o lazer tornou-se, na sociedade contemporânea, também um espaço de consumo, sendo suas diversas formas "dirigidas" por um poderoso mecanismo de propaganda, nos meios de comunicação, o que deixa pouca margem a uma opção realmente pessoal.

Outro aspecto a ser apontado é a profunda diferença nas vivências do tempo de lazer, conforme a classe social a que pertence o indivíduo. Essas diferenças são sobretudo marcantes nos países do Terceiro Mundo, onde existem diferenças muito grandes entre as classes sociais, nas formas de significar o mundo, de assimilar e criar os padrões culturais e de se relacionar com seus semelhantes e com a natureza. As formas de lazer estão condicionadas a esses fatores, sendo, entretanto, preponderante na escolha das atividades de lazer o fator econômico. Isso ocorre não somente pela sua relação determinante em relação a outros fatores, mas também por uma atuação direta: as condições econômicas permitem às classes privilegiadas um amplo inventário de escolhas, enquanto as classes menos favorecidas não têm acesso à maioria dessas possibilidades, abdicando muitas vezes de seu tempo livre para a realização de tarefas extras remuneradas, que lhes permitem ampliar sua renda.

O mundo do trabalho, na sociedade contemporânea, pela divisão do trabalho, aliena o homem da realização de sua essência genérica com liberdade e criatividade. A alienação e a discriminação, como já apontamos, estão presentes também no mundo do lazer. Resgatar, na práxis concreta, o sentido humano do lazer é uma tarefa complexa e difícil, pois tanto sobre o lazer como sobre a cultura popular atuam as mesmas forças determinantes que agem sobre a produção e o consumo. Não obstante, a vivência significativa do tempo livre é uma exigência que se torna cada vez mais presente no mundo de hoje. Por um esforço consciente do homem, o tempo livre pode constituir um espaço onde ele, que vive sob inúmeras pressões no mundo do trabalho, pode realizar atividades que lhe deem satisfação e lhe permitam satisfazer suas necessidades humanas de movimento, de liberdade e criatividade, de comunicação e confraternização com os outros, com uma relativa margem de autonomia sobre as decisões envolvidas nas formas de realização.

As contradições da sociedade industrial capitalista geram, assim, o duplo caráter do lazer — de um lado, de reproduzir as estruturas sociais e tentar conciliar as aspirações do homem à liberdade e à criatividade com o processo de dominação; de outro lado, de se constituir em uma possibilidade de momentos de libertação dos mecanismos coercitivos e de vivências de criatividade e interação social construtiva. Uma orientação consciente do lazer que vise à humanização do homem tem, assim, como ponto de partida, o desvelamento de seu papel de conciliador de interesses e de seu objetivo implícito de anulação da força emancipatória. Ao mesmo tempo, não permitindo o completo enrijecimento do homem em seu mundo do trabalho, o lazer pode constituir um espaço de luta pela mudança nas formas de relações sociais, por meio de vivências de liberdade e autonomia — pressuposto incondicional de uma atuação prática libertadora mais abrangente.

A Educação Física tem, aqui, um papel importante: de maneira geral, pelas possibilidades que possui na formação do homem como um ser integral e um agente de transformação social; e, conforme esse papel, especificamente, na orientação de atividades de lazer, das quais a dança, os jogos, a ginástica e o esporte constituem parte essencial.

Essas atividades são fruto da criação do homem em comunhão com outros homens, assumindo diferentes formas no evoluir da história, por meio das diferentes experiências que os homens realizam na sua práxis comum, ao humanizar a natureza, ao construir as formas de vida comunitária e ao buscar realizar seus anseios de liberdade e criatividade. Essas atividades são, assim, realizações culturais. Como diz Fiori: "Cultura é o mesmo processo histórico em que o homem se constitui e reconstitui, em intersubjetividade, pela mediação humanizadora do mundo"[56].

A dança, o esporte e os jogos são expressões criativas de subjetividades que se intersubjetivaram e, como tal, estão sujeitas ao evoluir da história. Como fenômenos culturais, essas atividades participam das contradições que habitam nossa história e estão impregnadas pelos valores de dominação e exploração presentes na sociedade contemporânea. Embora apareçam como entidades congeladas, inertes e imutáveis, eles fazem parte do processo dinâmico em que a essência humana se faz e se refaz. A verdadeira cultura é, assim, valorização do homem, pois é a sua participação na construção histórica do seu mundo, na luta pela conquista de sua essência genérica de ser livre e criativo. Por isso é importante compreender as raízes históricas de todos os fenômenos culturais, para resgatar suas raízes humanas e abrir caminhos para a reconstrução histórica de um mundo humanizado.

Um ponto de partida concreto para a prática do professor de Educação Física, no processo de desalienação do lazer, consiste na valorização da cultura popular, especificamente dentro do âmbito de sua atuação: na valorização das danças populares e do sentido de libertação que elas encerram, dos jogos criados pelo povo, das atividades desportivas, e na desmistificação dos processos de dominação e dependência cultural.

Valorizar os produtos culturais autênticos é o ponto de partida para conscientizar o homem oprimido do seu papel histórico de participação na construção de um mundo mais humano, livre da opressão. A supressão da identidade cultural de grupos oprimidos — o que anula a possibilidade de diálogo entre diferentes culturas — traz implícita a intenção de minimizar sua capacidade de luta política, que poderia ameaçar a permanência do sistema. Portanto, valorizar a identida-

---
56. Ernani Maria Fiori. *Educação e conscientização*, 1986, p. 7.

de cultural de grupos, classes e raças é reconhecer o seu potencial político no processo de reconstrução do mundo[57]. Com isso, o profissional da Educação Física nega-se a ser um elemento de perpetuação das estruturas de dominação, usando seu espaço como professor ou organizador de atividades comunitárias para assumir o compromisso de inserir-se no movimento histórico de transformação social e criação do novo homem.

A problemática do lazer como valorização do homem está relacionada também à terceira idade, período no qual o indivíduo tem aumentado seu tempo de lazer e, na maioria das vezes, não sabe como aproveitá-lo de forma construtiva, de modo a prosseguir no processo de desenvolvimento pessoal e de integração na vida comunitária. Em uma sociedade cujo objetivo maior é o lucro, o idoso — aquele que supostamente não mais produz — é oprimido e relegado a uma condição inferior. O próprio idoso assume, na maioria das vezes, a ideologia da produtividade. Não se sentindo participante ativo no processo de produção, restringe seu próprio espaço vital, fechando-se a novas possibilidades. Nesse processo, reduz também sua vida de movimentos, o que, por sua vez, acelera o envelhecimento.

O papel da Educação Física na problemática do envelhecimento é de grande importância e consiste em concretizar objetivos inerentes à aquisição e à manutenção da saúde, à vivência das horas de lazer, e, sobretudo, em auxiliar o idoso a redescobrir em seu ser a corporeidade e o movimento. Permitindo ao idoso

---

57. Gostaríamos aqui de apontar para a existência do Movimento Negro, que é marcado pela luta do negro contra sua discriminação na sociedade brasileira, que se dá de diferentes formas: na exploração do negro como trabalhador (da qual participa também o trabalhador não negro); no processo histórico de anulação de sua identidade cultural; no silêncio com que é cercada sua participação na história brasileira e na propagação de ideias e práticas que pretendem comprovar uma inferioridade física, intelectual e social. A Educação Física, nos parece, lidando com o lazer, tem amplas possibilidades de resgatar a identidade cultural do negro, valorizando sua cor, sua cultura e seu modo peculiar de ser-no-mundo.

sentir-se como um ser ativo, com capacidade de vivenciar novas experiências de movimento e de interação com os outros, a Educação Física constitui-se em uma força construtiva de um enorme potencial, pois resgata no idoso o prazer de viver plenamente como unidade corpóreo-espiritual, ampliando suas possibilidades de engajamento em um projeto existencial que preencha de sentido sua vida.

CONSIDERAÇÕES FINAIS

A questão de um posicionamento perante o sentido da Educação Física somente pode ser respondida por meio de uma reflexão filosófica e remete-nos diretamente às questões antropológicas: "O que são o homem e a sociedade? Qual o sentido da corporeidade na existência humana? Para que educar?"

Neste estudo — que se constitui em uma tentativa de resposta a essas questões —, partimos de um *a priori*: a utopia de emancipação do homem. As condições desumanas da vida contemporânea, que foram apontadas em várias partes deste trabalho, constituem negação dessa utopia. A utopia atua como uma luz que, ao mesmo tempo que nos permite desocultar a realidade concreta em sua essência, identificando os momentos de sua negação e desvelando suas raízes históricas, nos permite uma visão do futuro, da direção do fluxo histórico, onde a possibilidade humana se constrói e reconstrói.

A essência do homem é uma essência histórica, que se configura no movimento dialético dos dois polos: homem e mundo. Como um ser de necessidades, que não subsiste sem o mundo, o homem abre-se a ele, e, na sua práxis, transforma-o em um mundo humano — um mundo para o homem. Da ação conjunta dos homens na apropriação da natureza, para a satisfação de suas necessidades materiais e espirituais, estabelecem-se modos de coexistência entre os homens, ou seja, formas de relações sociais, que condicionam seu modo de ser.

Os transcendentais verdade, liberdade e justiça — que reconhecemos como "vetores", como modos de intencionalidade que definem o sentido da utopia de emancipação — não se constituem em abstrações que estariam sobrevoando o mundo sem tocá-lo, mas são modos de ser concretos que habitam a práxis humana — também em sua negação como inverdade, opressão e injustiça.

Pensamos encontrar na Educação, assim como na Educação Física, uma possibilidade de ação consciente para a libertação e a humanização do homem. A Educação Física participa das contradições que habitam a escola, em sua inserção na realidade concreta do sistema de produção capitalista, reproduzindo em sua prática, as relações de poder e dominação que caracterizam esse sistema. Pela mediação do educador, entretanto, ao transformar-se em crítico das condições desumanizantes da sociedade contemporânea e da sua própria prática pedagógica, a Educação Física pode assumir um caráter revolucionário e contribuir efetivamente para a formação do homem como um ser ético, social e político.

O sentido da Educação Física, em nossas reflexões, encontra seu suporte na concepção do homem como uma unidade corpóreo-espiritual em relação dialética com o mundo. Pensamos, como Merleau-Ponty, que as relações entre corpo e espírito são relações dialéticas. Por sua natureza corpórea, no homem operam dialéticas parciais: de ordem física — que diz em respeito às relações do homem com o sistema de forças físicas que agem sobre ele; e de ordem vital — que dizem respeito às relações do homem como um organismo vivo em interação com seu meio. Essas dialéticas parciais não atuam como sistemas isolados e independentes, mas integram-se à ordem humana da consciência, com a qual se identifica inteiramente o homem. O corpo não é nunca, mesmo constituindo uma unidade física e uma unidade biológica, puramente físico ou puramente biológico, mas, sempre, subordinado à dialética do espírito, que não atua sobre esse em uma relação de causa e efeito, mas o envolve como uma presença, que faz do corpo um corpo humano.

A nossa compreensão da unidade do homem em corpo e espírito encontra apoio no conceito de "corpo-próprio" de Merleau-Ponty e no conceito de "imagem corporal" conforme o estudo fenomenológico de Cassandra Rincón. O "corpo-próprio" representa, para nós, a presença da unidade corpo-espírito, que se revela na experiência originária da percepção. A experiência perceptiva, em que o homem, por meio de seus sentidos, abre-se para o mundo, aponta para uma unidade anterior no homem, aquém do dualismo corpo-alma. O mundo percebido já é um mundo estruturado a partir dessa unidade. Os estímulos sensíveis não invadem indiscriminadamente nosso ser, mas nas sensações já está presente a consciência, que seleciona do mundo exterior aqueles aspectos que possuem um sentido para o indivíduo, formando sensação, percepção e ação uma unidade indissociável. A experiência perceptiva revela também a unidade homem-mundo, anterior à separação sujeito-objeto, unidade que permite um contato anterior com o mundo, a partir do qual as coisas adquirem um significado para nós, ao mesmo tempo que se instaura a separação homem-mundo. O sentido das coisas mundanas surge, assim, da fusão do homem, em sua unidade corpóreo-espiritual, com o mundo, que a ele se manifesta com suas articulações inteligíveis. A intersubjetividade pressupõe a unidade contemporânea à separação Eu-Tu, uma apreensão direta do Outro e, ao mesmo tempo, do significado que as coisas mundanas têm para ele. Nossa identidade constitui-se no palco de uma objetividade, onde há o encontro do Eu com o Tu.

Posicionamos-nos, assim, contra o dualismo cartesiano que vê o corpo e a alma como duas substâncias distintas e irredutíveis entre si. Nessa concepção, tudo o que existe pertence a dois tipos de substâncias: ou é atividade espiritual (res cogitans), que pensa e conhece, ou é atividade corpórea (res extensa), ser espacial e objeto de conhecimento. Essas substâncias coexistem, no homem, no dualismo corpo e alma, possuindo cada uma funções distintas.

Essa visão dualista perpassa as diferentes instâncias da vida cotidiana do homem contemporâneo, em um processo progressivo em que o homem reprime e procura anular toda a riqueza sensorial que a reflexão pressupõe, criando uma razão que busca tornar-se independente, perdendo o sentido da vivência do mundo sensível. Podemos constatar essa cisão no pensamento de "sobrevoo" da ciência moderna e na dissociação entre fatos e valores; na moderna tecnologia, que, paralelamente à aquisição de benefícios, está causando a destruição irreversível da natureza; nos sistemas sócio-político-econômicos, que lançam o homem em busca de abstrações como o poder e o dinheiro, em detrimento de experiências vivas concretas, que o façam feliz; nas relações do homem com a natureza, nas quais os valores utilitários prevalecem, em detrimento de valores estáticos, empobrecendo os sentidos humanos; nas relações interpessoais, em que predominam o egoísmo, a instrumentalização do Outro e a indiferença às suas necessidades; no mundo do trabalho, que se assenta sobre relações de exploração e desumanização; na instituição escolar, que privilegia, sobretudo, operações cognitivas abstratas, desvinculando-as de experiências sensoriais concretas; no mundo do lazer, onde a participação do indivíduo como corporalidade e movimento, é, cada vez mais, substituída por uma ação meramente cognitiva, realizada com um mínimo de participação corporal; no mundo do esporte, onde as vivências do homem como ser total, livre e criativo, em confraternização com os outros, são subordinadas a condições onde persiste a extrema instrumentalização do corpo.

A concepção dualista perpassa a história da Educação Física, estando implícita nas tendências à biologização, à militarização e à higienização, que ainda hoje persistem na prática pedagógica de muitos profissionais dessa área. Nessa perspectiva, a Educação Física ignora a globalidade do ser humano, ao visualizar o corpo como algo independente, dissociado do homem como um todo. Essa forma se revela em práticas que reduzem a ação educativa a um processo de adestramento físico e resumem seus objetivos na manutenção da saúde corporal, na aquisição de aptidão física e no desenvolvimento de habilidades motoras e desportivas.

Posicionamo-nos, também, contra o monismo materialista que, pretendendo superar o dualismo ontológico do problema alma-corpo, reduz os fenômenos mentais a fenômenos físicos. Rejeitamos, assim, toda prática pedagógica de cunho behaviorista, que visualiza o corpo como um feixe de reações a estímulos do meio, desvinculado de uma subjetividade que o envolve como uma presença e determina seu modo de ser no mundo. Essa prática se constata na realização de movimentos mecanizados, rígidos e inexpressivos, sem sentido para o aluno, visando à automatização de gestos e posturas, que se torna um fim em si. A automatização de posturas e movimentos é necessária à vida humana, mas é um processo que não pode ser desvinculado da formação do homem como um todo. A realização de exercícios de forma mecânica, sem sentido para o aluno, acentua e reforça a atitude de alienação do homem contemporâneo, para o qual a realidade se constitui em um conjunto de meios que ele manipula mecanicamente. O movimento realizado como algo exterior, ignorando a experiência corporal, coopera para a formação de um indivíduo que não se sente atuante na realidade como sujeito de sua ação.

Consideramos, também, insuficientes as concepções filosóficas que, ao embasar teorias educacionais, veem o homem como unidade em si, mas ignoram sua relação dialética com o mundo e o veem desvinculado da sociedade. Esta, por sua vez, não é vista como uma criação do homem e como portadora de uma realidade histórica, mas, sim, como estática e imutável, à qual o indivíduo deve adaptar-se, constituindo-se, nessa adaptação, a função primordial da Educação. Essa concepção está implícita em práticas educativas que buscam o aprimoramento de potencialidades individuais, sem uma preocupação com o sentido social da ação humana, ignorando seu comprometimento ético com a humanização do homem. A busca da identidade pessoal, da própria autenticidade, passa por um processo de transformação existencial de sua postura diante do mundo, que não se reduz a um aperfeiçoamento das potencialidades individuais, mas encerra também a busca de uma ação consciente, transformadora, sobre o mundo. Do mesmo modo, buscando como objetivo primordial o rendimento, a competição e a quantificação das qualidades humanas relativas à corporalidade e ao movimento, a Educação Física torna-se apenas um espaço de reprodução dos valores mercantis da sociedade contemporânea, perpetuando e acentuando esses valores.

Como suporte para o sentido da Educação Física, pensamos a relação corpo-alma como uma relação dialética bipolar, que expressa uma mútua dependência ontológica, que se radica no ente homem, unidade anterior que determina seu modo de ser corpóreo e seu modo de ser espiritual e a mútua relação.

A Educação Física, lidando com corporalidade e movimento, não tem diante de si um corpo simplesmente biológico, que seria um instrumento da alma, nem apenas um feixe de reações a estímulos externos ou internos, mas a exterioridade visível de uma unidade que se esconde e se revela no gesto e nas palavras. Conceber a corporeidade integrada na unidade do homem significa resgatar o sentido do sensível e do corpóreo na vida humana. A práxis humana se efetiva porque o homem é um ser corpóreo, que possui necessidades materiais e espirituais. Sua relação com o mundo não é simplesmente a relação de uma consciência que pensa o mundo, sem deixar-se tocar, mas é a relação de um ser engajado no mundo — que tem emoções, que ama, que odeia, que tem fome, que tem dor, que vive a solidão, a amizade, o desprezo etc. —, enfim, de um ser que sente, solo sobre o qual o pensamento se edifica. Da práxis humana e dos modos dela decorrentes de coexistência entre os homens criam-se formações ideológicas, que impregnam sua maneira de ser. Assim, podemos compreender como as formas alienadas de o homem sentir e pensar, no mundo contemporâneo, são como que penetradas pelo tecido econômico que se tornou, no sistema capitalista, o prisma a partir do qual as coisas mundanas fundam seu sentido. Essas formas estão in"corpo"radas em seu ser e encerram todas as distorções e os tipos de alienação do homem contemporâneo, que se manifestam tanto nas relações inter-humanas, nas relações com a natureza e com a cultura, como nas formas de o homem lidar com sua corporalidade.

É o homem todo que está em jogo, e levá-lo a viver com plenitude sua corporalidade, em sua abertura para o mundo, parece-nos ser o objetivo primeiro da Educação Física, objetivo que fundamenta todos os outros. Levá-lo a viver com plenitude o seu ser corpóreo significa partir de uma experiência corporal e de movimento que afirme o homem como uma unidade em si mesmo e em relação dialética com o mundo. Nessa perspectiva, a Educação Física adquire seu sentido de formar o homem, não somente como um ser saudável e hábil na vivência de sua corporalidade e na execução de movimentos, mas como um ser estético, social, ético e político. Nas experiências inerentes à prática desportiva, à execução de danças e jogos, à aprendizagem de posturas e movimentos corporais, à utilização das horas de lazer etc., é sempre o homem como um todo que está presente. Nessas experiências, em que ele participa como uma unidade existencial, ocorrem transformações, que modificam não somente seu ser corpóreo e motriz, mas seu ser como uma totalidade — sua forma de ser e de engajar-se em um projeto existencial, de relacionar-se com o mundo e com os outros.

Neste trabalho, defendemos a ideia de uma subordinação das ciências que contribuem para a Educação Física à reflexão filosófica. Com isso, entretanto, não minimizamos a importância dos conhecimentos científicos advindos da Biomecânica, da Fisiologia, da Aprendizagem Motora, bem como das Ciências Humanas, como a Psicologia e a Sociologia. A reflexão filosófica de nenhum modo substitui esses conhecimentos, mas, sim, permite ao professor de Educação Física redimensioná-los e integrá-los no ato educativo, a partir de uma concepção de homem e mundo que não reduza o movimento, em sua realização concreta, a uma explicação parcializadora, mas busque compreender seu sentido, de forma radical.

A Educação do homem enquanto corporeidade tem, assim, um caráter ambíguo: pode ser o lugar da liberdade, da verdade e da justiça, tanto como o lugar da opressão, da inverdade e da injustiça. Tendo como fundamento a visão do homem como unidade corpórea e espiritual, que cria seu mundo, ao mesmo tempo que esse lhe determina sua maneira de ser, a Educação Física pode tornar-se uma força transformadora no projeto de humanização e emancipação do homem. Focalizando como ponto central da ação educativa a corporeidade e o movimento, a Educação Física — visualizada na perspectiva filosófica que propomos neste trabalho, e embasando nela a especificação de seus objetivos, conteúdos, métodos de ensino e formas de avaliação — pode tornar-se um campo amplo de possibilidades de resgatar no homem a criatividade, a sensibilidade e a identidade consigo próprio e, sobretudo, sua natureza social. Isso significa ver o homem como ser ativo e participante na construção de seu mundo, que busca em sua prática — desmistificando a práxis alienada e buscando superá-la — concretizar os anseios de verdade, liberdade e justiça social.

GLOSSÁRIO

1
O CORPO NA VIDA COTIDIANA

Positivismo — Corrente filosófica oriunda da doutrina criada por Auguste Comte (1798-1857), que somente admite como possibilidade de conhecimento, o das ciências experimentais. Nega-se, assim, a aceitar outra realidade que não seja a dos fatos, rejeitando não somente a possibilidade de um conhecimento metafísico, como também de qualquer outra forma de conhecimento que pretenda uma apreensão direta ou indireta do inteligível. Dentro dessa concepção, os fenômenos sociais são, do mesmo modo que os fenômenos naturais, regidos por leis universais invariáveis.

Mercadoria — Todas as sociedades humanas produzem as condições materiais que possibilitam a satisfação de suas necessidades. O produto do trabalho humano surge como mercadoria quando, no sistema capitalista, com a divisão do trabalho, o produtor não mais produz para a satisfação de suas necessidades, mas, sim, para a troca. Nesse sistema, os produtos são propriedades de agentes particulares, que deles dispõem, transformando-os, por meio de um processo de troca, em dinheiro, o que lhes dá uma realidade abstrata e independente, alheia àqueles que os criaram. O valor que se expande pelo processo de produção e troca é o que se denomina capital.

Racionalismo — Tendência característica da época moderna — mas que perpassa o pensamento filosófico desde as suas raízes gregas — de supervalorizar o pensamento racional em detrimento da emoção e vontade, atribuindo à razão a capacidade ilimitada de conhecimento teórico e instrumental da realidade, independentemente das condições históricas que produziram essa razão, e acreditando no seu poder de organizar a vida social, segundo modelos racionais. A razão racionalista, por um lado, tem um aspecto positivo ao opor-se à autoridade e à tradição; por outro lado, ignora que a própria razão é uma razão situada, isto é, que o homem pensa a partir de sua facticidade, de sua imersão em uma realidade material concreta. No racionalismo, está implícita a crença na possibilidade de construção de uma ordem universal, fundada na autonomia do indivíduo.

Irracionalismo/Irracional — Significa algo que é alheio aos esquemas racionais. Engloba, assim, todas as formas de ser, pensar e agir que a razão racionalista deixa fora do âmbito do pensamento filosófico e científico, por: a) serem inatingíveis pela razão, porque não é possível apreendê-las pelo pensamento racional; b) fugirem ao controle da razão (Kosik, 1985, p. 92).

Racionalização — Processo de modelar a realidade e de orientar a ação, segundo princípios racionais previamente estabelecidos, visando o aperfeiçoamento das condições e dos meios, com o fim de atingir maior produtividade.

Relação dialética — Significa, neste contexto, uma relação de mútua influência e ação recíproca. Desse modo, a reprodução das relações sociais da sociedade capitalista na escola não se dá de modo unilateral e passivo. A verdadeira dialética envolve um movimento de dupla transformação que incide sobre ambos os termos da relação. As contradições do sistema capitalista, que se reproduzem na escola, abrem brechas para a luta que busca sua superação, o que faz dela não somente um espaço de reprodução, mas também de resistência.

2
A PROBLEMÁTICA DO HOMEM E SUA CORPOREIDADE NO PENSAMENTO FILOSÓFICO

Totalidade dialética (do pensamento filosófico) — Significa, neste contexto, que não vemos o pensamento de um filósofo isolado do movimento histórico das ideias humanas. A forma de um pensador interpretar o mundo está vinculada de forma dinâmica não somente às condições materiais concretas de sua existência, mas ao pensamento dos que o antecederam, em um movimento de tese (afirmação), antítese (negação) e síntese.

Ontologia — Parte da Filosofia "que se ocupa do ser enquanto ser, mas não como uma mera entidade formal, nem como uma existência, mas como aquilo que torna possíveis as existências.(...) A ontologia parece ter como missão a determinação daquilo em que os entes consistem e ainda daquilo em que consiste o ser em si" (Ferrater Mora, 1982, p. 290). "À ontologia concernem as maneiras de ser, as relações e as formas de ser" (Hartmann, 1954, p. 36)

Metafísica — "Constitui um saber que pretende penetrar no que está situado para além ou detrás do ser físico enquanto tal". É a parte da Filosofia que estuda o ser enquanto ser, buscando conhecer "os primeiros princípios e as primeiras causas" (Ferrater Mora, 1982, p. 260).

Transcendente/transcendência — De maneira geral, transcendente significa o que está além de alguma coisa.

Matéria e forma — No sentido aristotélico, a "matéria é aquilo *com que* se faz alguma coisa; a forma é aquilo que determina a matéria para ser alguma coisa, isto é, aquilo *por que* alguma coisa é o que é. Assim, numa mesa de madeira, a madeira é a matéria com que a mesa foi feita e o modelo que o carpinteiro seguiu é a sua forma" (Ferrater Mora, 1982, p. 166). Todas as coisas são compostas de matéria e forma.

Enteléquia — Significa "ato enquanto atualizado", distinguindo-se, assim, de atividade ou atualização. "Enquanto constitui a perfeição do processo de atualização, a entelequia é a realização de um processo cujo fim está na própria entidade" (Ferrater Mora, 1982, p.121).

Intelecto agente — Aristóteles distingue o entendimento ativo (ou intelecto agente) do entendimento passivo. Comparando os dois tipos de entendimento, Aristóteles afirma: "Há um intelecto de tal espécie (passivo) que se converte em todas as coisas e há outro que as produz todas, com sua maneira de obrar, à maneira da luz: porque, de certo modo, também a luz converte em cores, em atos, as cores que estavam em potência" (*apud* Hamelin, 1946, p. 454 — nota 182).

Empirismo (corrente empirismo) — Corrente filosófica que afirma que todo o conhecimeno deriva da experiência e a ela se limita. Opõe-se ao racionalismo, negando as especulações *a priori*, bem como a teoria das ideias inatas. Segundo essa corrente, a mente humana, no ato do conhecimento, é como um receptáculo vazio, onde se inscrevem, através dos sentidos, as impressões procedentes do mundo exterior.

Idealismo — Corrente filosófica que pretende responder ao problema da natureza e do alcance do conhecimento humano, afirmando que não conhecemos as coisas tais como são em si mesmas, mas apenas suas presentificações sinteticamente constituídas na e pela consciência. O idealismo absoluto (Hegel) reduz todo ser à vida da consciência absoluta.

Realismo — Opõe-se ao idealismo, afirmando a possibilidade do conhecimento das coisas tais como são, negando que a consciência imponha à realidade certos conceitos ou categorias *a priori* (Ferrater Mora, 1982).

Objetivação — Dentro da teoria marxista, objetivação significa o processo através do qual o homem se exterioriza, isto é, torna-se exterior a si mesmo, objetivo, ao produzir e reproduzir a realidade social. A essência do homem é ser objetivo, ou seja, objetivar-se, pois "o seu ser só é pelo objeto em face do qual está situado, pelo objeto que o condiciona e limita" (Bornheim, 1983, p. 184). O processo de objetivação define o caráter social do homem, que não consiste apenas no fato de que sem o objeto ele não é nada; consiste sobretudo no fato de que ele demonstra sua própria realidade em uma atividade objetiva (Kosik, 1985, p. 113).

Alienação — no sentido que lhe dá Marx, significa o processo (ou estado) pelo qual um indivíduo, um grupo, uma instituição ou uma sociedade se tornam alheios aos resultados ou produtos de sua própria atividade e à atividade em si mesma, à natureza e aos outros seres humanos, e às suas possibilidades humanas historicamente construídas (Bottomore, 1988).

Cartesiana — Referente a Descartes.

Fenomenologia — A fenomenologia de Husserl (1859-1938), também considerada como um método de investigação, procura resolver o problema da certeza e da verdade do conhecimento. Husserl parte do princípio de que se deve tomar como base o fenômeno, a experiência da consciência e nada afirmar que não se mostre a ela em toda evidência. Com esse princípio metodológico, descreve o que na experiência se mostra, como, por exemplo, o caráter intencional da própria consciência, sua estrutura bipolar de ato e objeto (ver-visto). Em um primeiro momento, o mundo objetivo é pensado, por Husserl, como mero correlato da vida consciencial. Mais tarde, Husserl mitiga essa tese idealista. Para a fenomenologia, a consciência humana é intencional, isto é, a consciência é sempre consciência de algo, e é na intencionalidade da consciência que se constitui a objetividade do mundo. Ela não apreende os objetos do mundo exterior tais como são, mas enquanto são portadores de significações, inseridos em determinados horizontes de compreensão, que se radicam no mundo da vida, subjacente a toda atividade de conhecimento.

3
REFLEXÕES SOBRE O HOMEM

Devir — "Significa o processo do ser, ou, se se quiser, o ser *como processo*.(...) Designa todas as formas do chegar a ser, do ir sendo, do mudar-se, do acontecer, do passar, do mover-se etc." (José Ferrater Mora, 1982, p. 103).

Pseudoconcreticidade — Para Kosik, o mundo da pseudoconcreticidade se constitui: a) dos fenômenos externos, que se desenvolvem à superfície dos processos realmente essenciais; b) do mundo da práxis fetichizada dos homens; c) do mundo das representações comuns, que são formas ideológicas, produzidas pela práxis fetichizada; d) do mundo dos objetos fixados, que aparecem como naturais, ignorando-se o fato de que são produtos da atividade social dos homens (1985, p. 11).

Práxis Fetichizada — Em contraposição à práxis crítica revolucionária da humanidade, significa a práxis alienada, que impregna a sociedade capitalista, na qual os objetos materiais, com os quais o homem lida na vida cotidiana, adquirem uma aparência natural, que oculta sua verdadeira natureza social, isto é, o fato de serem resultantes de relações sociais de dominação.

Poder transcendental (da razão) — Significa, neste contexto, o poder da razão de captar o que está além da experiência.

Mimetizar-se — Ação decorrente da capacidade instintiva de certos organismos vivos de transformar-se (cor, forma etc.), imitando características de outros seres, como uma reação adaptativa a seu meio.

Sentido — Como expressa Bornheim, "o sentido é o princípio de constituição da objetividade do objeto e da subjetividade do sujeito" (1983, p. 225) não é explicável simplesmente a partir do sujeito, nem a partir do objeto, mas, sim, da mútua relação. É como um vetor que emana do sujeito em direção ao objeto, e do objeto em direção ao sujeito, atuando como uma presença que envolve ambos. A origem do sentido encontra-se na práxis concreta da humanidade. O sentido poderia ser comprendido como aquilo que preenche o espaço onde se dá o encontro do sujeito e do objeto na ação criadora, que transforma ambos e faz surgir o novo, criando a história.

4
A EDUCAÇÃO E A EDUCAÇÃO FÍSICA

Essência — Significa o que uma coisa é; o que permanece idêntico no objeto em suas variações.

Pedagogia da essência — Apoia-se no "dever ser", aponta "os princípios essenciais de uma Educação baseada em valores universais e permanentes" (Suchodolski, 1984, p. 116). Apoia-se, assim, em um conceito de natureza humana universal, da qual cada homem seria um exemplo particular.

Existência — Significa o "fato de aparecer e manifestar-se exteriormente" (Julia Didier, 1969, p.104). Designa "o que está aí", o que está presente. Dentro da perspectiva da corrente existencialista, ver o homem como existência significa vê-lo como concreto-singular, tanto situado e constituído pela situação, quanto princípio codeterminante de sua situação (Jaspers). Para Heidegger, existência se traduz por *Dasein* (estar aí), para significar o caráter transcendente do ser humano, de estar aberto ao objeto.

Pedagogia da existência — Salienta na Educação, o aspecto do desenvolvimento individual. Contrapondo-se à "Pedagogia da essência", essa corrente busca extrair seus princípios da existência concreta, seja da criança individualmente ou de grupos sociais (Bogdan Suchodolski, 1984, p. 113). Apoia-se, assim, no princípio de que primeiramente o homem existe, depois se define, negando a existência de uma natureza humana universal.

REFERÊNCIAS BIBLIOGRÁFICAS

ADORNO, Theodor W. e HORKHEIMER, Max. *Dialética do esclarecimento*. Rio de Janeiro, Jorge Zahar Editor, 1985.

AGAZZI, Aldo. *Historia de la filosofía y la pedagogía*. Alcoy, Marfil, 1977.

ALTHUSSER, Louis. *Aparelhos ideológicos do Estado*. Rio de Janeiro, Edições Graal, 1985.

BIERI, Peter. *Analytische Philosophie des Geistes*. Koenigstein, Hain, 1981.

BORNEMANN, Ernest. *Leibfeindliches Lernen*. Westermans, Paed. Beitraege, Juni, 1981.

BORNHEIM, Gerd. *Metafísica e finitude*. Porto Alegre, Movimento, 1972.

_____. "Vigência de Hegel: Os impasses da categoria da totalidade". *In*: Nelson G. Gomes (org.), *Hegel: Um seminário na Universidade de Brasília*. Universidade de Brasília, 1981.

_____. *Dialética: Teoria e práxis*. Porto Alegre, Globo, 1983.

BOTTOMORE, Tom. *Dicionário do pensamento marxista*. Rio de Janeiro, Zahar, 1988.

BRACHT, Walter. "A Educação Física escolar como campo de vivência social. *Revista Brasileira de Ciências do Esporte*, Vol. 9, n$^{\circ}$ 3, maio 1988.

CAPRA, Fritjof. *O ponto de mutação*. São Paulo, Cultrix, 1986.

CASSIRER, Ernest. *Antropologia Filosófica*. São Paulo, Mestre Jou, s.a.

CASTELLANI FILHO, Lino. *Educação Física no Brasil: A história que não se conta*. Campinas, Papirus, 1988.

CAVALCANTI, Katia Brandão. *Esporte para Todos, um discurso ideológico*. São Paulo, Ibrasa, 1984.

CHAUI Marilena. "Merleau-Ponty". Prefácio da obra: *Textos escolhidos/Maurice Merleau-Ponty*, São Paulo, Abril Cultural, 1980.

CODO, Wanderley e SENNE, Wilson. *Corpo(latria)*. São Paulo, Brasiliense, 1986.

CONTINS, Marcia e ROCHA, Everardo P. G. " De corpo e alma". *In: De corpo e alma*. Coordenação de Ilana Strozenberg, diretora do Núcleo de Pesquisa da Comunicação Contemporânea. Rio de Janeiro, Comunicação Contemporânea, 1986/1987.

DA MATTA, Roberto. " Vendendo totens — Prefácio prazeroso para Everardo Rocha". *In:* Everardo P. Guimarães Rocha, *Magia e capitalismo*. São Paulo, Brasiliense, 1985

_____."O corpo brasileiro". *In: De corpo e alma*. Coordenação de Ilana Strozenberg, diretora do Núcleo de Pesquisa da Comunicação Contemporânea. Rio de Janeiro, Comunicação Contemporânea, 1986/1987.

DESCARTES, René. "Cartas a Elizabeth". *In: Os Pensadores: Descartes*. Vol. 2, São Paulo, Nova Cultural, 1987.

_____. "Meditações". *In: Os Pensadores: Descartes*. Vol. 2, São Paulo, Nova Cultural, 1987.

DIETTRICH, Michael e KLEIN, Michael. "Koerpererfahrung im Sportunterricht". *In:* Michael Klein (org.) *Sport und Koerper*. Hamburg, Rowohlt, 1984.

ELIAS, Norbert. *Ueber den Prozess der Zivilization*. Frankfurt, Suhrkamp, 1976.

ENGUITA, Mariano F. *A face oculta da escola*. Porto Alegre, Artes Médicas, 1989.

ERIKSON, Erik. *Infância e sociedade*. Rio de Janeiro, Zahar, 1971.

FADIMAN, James e FRAGER, Robert. *Teorias da personalidade*. São Paulo, Harper & Row do Brasil Ltda.

FERRATER MORA, José. *Dicionário de Filosofia*. Lisboa, Publicações Dom Quixote, 1982.

FIORI, Ernani Maria. "Elementos sobre o personalismo e compromisso histórico". Conferências apresentadas na I Sessão de Estudos do Miec (Movimento Internacional de Estudantes Católicos), Toledo, Uruguai, 1967, conforme a versão gravada das mesmas e apontamentos do bacharel Carlos Asunga.

_____. "Conscientização e Educação". *Educação e Realidade*, Porto Alegre, 11(I):3-10, jan./jun.1986.

_____. *Metafísica e história*. Porto Alegre, L&PM, 1987.

FOUCAULT, Michel. *Vigiar e punir*. Petrópolis, Vozes, 1987.

_____. *Microfísica do poder*. Rio de Janeiro, Graal, 1986.

FREIRE, Paulo. *Cartas a Guiné-Bissau*. Rio de Janeiro, Paz e Terra, 1982.

_____. *Educação e mudança*. Rio de Janeiro, Paz e Terra, 1982.

_____. *Pedagogia do oprimido*. Rio de Janeiro, Paz e Terra, 1983.

_____. *Educação como prática da liberdade*. Rio de Janeiro, Paz e Terra, 1983.

FREIRE, Paulo e SHOR, Ira. *Medo e ousadia*. Rio de Janeiro, Paz e Terra, 1987.

FREITAG, Barbara. "Introdução". In: B. Freitag e S.P. Rouanet (orgs.), *Habermas*. São Paulo, Ática, 1980.

_____. *A teoria crítica ontem e hoje*. São Paulo, Brasiliense, 1986.

FROMM, Erich. *Conceito marxista do homem*. Rio de Janeiro, Zahar, 1983.

FULLAT, Octavi. *Filosofías de la Educación*. Barcelona, Ceac, 1978.

FUNKE, Juergen. *Sportunterricht als Koerpererfahrung*. Hamburgo, Rowohlt, 1983.

GADOTTI, Moacir. *Educação e poder: Introdução à pedagogia do conflito*. São Paulo, Cortez, 1985.

_____. *Concepção dialética da educação*. São Paulo, Cortez, 1988.

GAYA, Adroaldo. *Pesquisas biológicas aplicadas à Educação Física*. Xerox do texto datilografado.

GHIRALDELLI JÚNIOR, Paulo. *Educação Física progressista*. São Paulo, Edições Loyola, 1988.

GOLDMANN, Lucien. *Dialética e cultura*. Rio de Janeiro, Paz e Terra, 1979.

_____. *Epistemologia e filosofia política*. Lisboa, Editorial Presença, 1984.

GRAMSCI, Antonio. *Concepção dialética da história*. Rio de Janeiro, Civilização Brasileira, 1986.

GRUPE, Ommo. *Sport und Sportunterricht*. Schorndorf, Hofmann, 1980.

HABERMAS, Juergen. *Técnica e ciência como ideologia*. Lisboa, Edições 70, 1987.

_____. *El discurso filosófico de la modernidad*. Madri, Taurus, 1989.

_____. *Consciência moral e agir comunicativo*. Rio de Janeiro, Tempo Brasileiro, 1989.

HAMELIN, Octavio. *El sistema de Aristóteles*. Buenos Aires, Estuário, 1946.

HARTMANN, Nicolai. *Ontologia I — Fundamentos*. México, Fondo de Cultura Económica, 1955.

HELLER, Agnes. *O cotidiano e a história*. Rio de Janeiro, Paz e Terra, 1972.

_____. *Sociologia de la vida cotidiana*. Barcelona, Península, 1977.

_____. *Teoría de los sentimientos*. Barcelona, Editorial Fontamara, 1982.

_____. *Para mudar a vida*. São Paulo, Brasiliense, 1982.

_____. *A filosofia radical*. São Paulo, Brasiliense, 1983.

HILDEBRANDT, Reiner e LAGING, Ralf. *Offene Konzept im Sportunterricht*. Bad Homburg, Limpert Verlag, 1981.

HIRSCHBERGER, Johannes. *Breve historia de la filosofía*. Barcelona, Herder, 1968.

HYPPOLITE, Jean. "Existence et dialectique dans la philosophie de Merleau-Ponty". In: *Les Temps Modernes*, 17. année, Revue mensuelle, n⁰ 184-185, 1961.

_____. *Introdução ao pensamento de Hegel*. Lisboa, O Saber da Filosofia, 1983.

JACCARD, Pierre. *História social do trabalho*. Lisboa, Livros Horizonte, 1974.

JAPIASSU, Hilton. *Introdução à epistemologia da psicologia*. Rio de Janeiro, Imago, 1977.

KANT, Immanuel. *Réflexions sur l'éducation*. Paris/França, Librairie Philosophique J. Vrin, 1966.

_____. *Crítica da razão pura*. São Paulo, Nova Cultural, 1987.

KEIL, Annelie e MAIER, Herbert. "Koerperarbeit als Wiederaneigung von Lebensperspective". *In*: Michael Klein (org.), *Sport und Koerper*. Hamburgo, Rowohlt, 1984.

KLEIN, Michael. "Social body, persoenlicher Leib und der Koerper in Sporty". *In*: Michael Klein (org.), *Sport und Koerper*. Hamburgo, Rowohlt Verlag, 1984.

KOSIK, Karel. *Dialética do concreto*. Rio de Janeiro, Paz e Terra, 1985.

LACROIX, Jean. *O personalismo como anti-ideologia*. Porto, RES, 1977.

LE CAMUS, Jean. *O corpo em discussão*. Porto Alegre, Artes Médicas, 1986.

LEFEBVRE, Henri. *O marxismo*. São Paulo, Difel, 1979.

LEFORT, Claude. "L'idée d'être brut et d'esprit sauvage". *Les Temps Modernes*, 17. anne, Revue mensuelle, n$^{\circ}$ 184-185.

LOEWITH, Karl. *Von Hegel zu Nietzsche*. Stuttgart, Kohlhammer Verlag, 1950.

LUKÁCS, Georg. *Existencialismo ou marxismo?*. São Paulo, Ciências Humanas, 1979.

_____. *História e consciência de classe: Estudos de dialética marxista*. Rio de Janeiro, Elfos, 1989.

MARCUSE, Herbert. *Ideologia da sociedade industrial*. Rio de Janeiro, Zahar, 1967.

_____. *A dimensão estética*. São Paulo, Martins Fontes, 1986.

MARIAS, Julian. *O tema do homem*. São Paulo, Livraria Duas Cidades, 1975.

MARX, Karl. *Textos filosóficos*. Lisboa, Estampa, 1975.

_____. *O capital*. São Paulo, Abril Cultural, 1983.

_____. "Manuscritos econômicos e filosóficos". *In*: Erich Fromm, *Conceito marxista do homem*. Rio de Janeiro, Zahar, 1983.

_____. *O capital*. São Paulo, Difel, 1984.

_____. *Elementos fundamentales para la crítica de la economia política*. Espanha, Veintiuno de Espanha, 1986.

_____. "Para a crítica da economia política". *In: Manuscritos econômico-filosóficos e outros textos escolhidos*. São Paulo, Nova Cultural, 1987.

MARX, Karl e ENGELS, Friedrich. *Marx Engels — obras escolhidas*. Lisboa, Avante, 1983.

MARX, K., ENGELS, F., BLOCH, E. e KORSCH, K. *Filosofia e práxis revolucionária*. Brasil Debates, 1988.

MCLAREN, Peter. "Paulo Freire e o pós-moderno". *Educação e Realidade*, Vol. 12, n$^{\circ}$ 1, janeiro/junho 1987.

MCLENNAN, Gregor et alii. "A teoria de Althusser sobre ideologia". *In: Da ideologia*. Rio de Janeiro, Zahar, 1983.

MEDINA, João Paulo. *O brasileiro e seu corpo: Educação e política do corpo*. Campinas, Papirus, 1987.

_____. *A Educação Física cuida do corpo e... "mente": Bases para a renovação e transformação da Educação Física*. Campinas, Papirus, 1987.

MERLEAU-PONTY, Maurice. *Fenomenologia da percepção*. Rio de Janeiro, Livraria Freitas Bastos, 1971.

_____. *Estrutura do comportamento*. Belo Horizonte, Interlivros, 1975.

_____. "O olho e o espírito". In: *Os Pensadores: Merleau-Ponty*. São Paulo, Abril Cultural, 1980.

_____. "O filósofo e sua sombra". In: *Os Pensadores: Merleau-Ponty*. São Paulo, Abril Cultural, 1980.

_____. "Marxismo e Filosofia". In: *Os Pensadores: Merleau-Ponty*. São Paulo, Abril Cultural, 1980.

_____. "Fenomenologia da linguagem". In: *Os Pensadores: Merleau-Ponty*, São Paulo, Abril Cultural, 1980.

_____. *O visível e o invisível*. São Paulo, Perspectiva, 1984.

MESZAROS, István. *A teoria da alienação*. Rio de Janeiro, Zahar, 1981.

MOEGLING, Klaus. "Bewegung in der Bewegunslehre". *Sportunterricht*. 36. Jargang, Heft 11, 1987, pp. 424-431.

MORENO, Juan Manoel. *Historia de la Educación*. Madri, Paraninfo, 1978.

MOUNIER, Emmanuel. *L'éveil de l'Afrique noir*. In: *Ouvres*. Tome III, Paris, Edition du Seuil, 1962.

_____. *O personalismo*. Lisboa, Martins Fontes, 1964.

_____. *Manifesto a serviço do personalismo*. Lisboa, Livraria Morais, 1967.

NITSCHKE, August. "Der Ausgangspunkt menschlicher Acktivitaet". In: Dietmar Kamper e Volker Rittner, *Zur Geschichte des Koerpers*, Karl Hansen Verlag, 1976.

ORTEGA Y GASSET, José. *Que é filosofia?*. Rio de Janeiro, Livro Ibero-americano Ltda, 1984.

PESSANHA, José Americo Motta. "Santo Agostinho, vida e obra". In: *Os Pensadores*. São Paulo, Nova Cultural, 1987.

PHILONENKO, A. "Kant et le problème de l'éducation". In: *Réflexions sur l'éducation*. Paris/França, Librairie Philosophique J. Vrin, 1966.

PLATÃO. *A República*. São Paulo, Difusão Europia do Livro, 1965.

_____. "Fédon". In: *Os Pensadores*. São Paulo, Nova Cultural, 1987.

PONTALIS, J.B. " Note sur le problème de l'inconscient chez Merleau-Ponty". *Les Temps Modernes*, 17. année, Revue mensuelle, n$^{\underline{o}}$ 184-185, 1961.

RICOUER, Paul. *Interpretação e ideologias*. Rio de Janeiro, Francisco Alves, 1988.

RIGAUER, Bero. "Bewegen, erinnern, entfalten". In: Juergen Funke, *Sportunterricht als Koerpererfahrung*. Hamburgo, Rowohlt, 1983.

RINCÓN, Cassandra. *La imagen corporal*. México, Pax-México, 1971.

RITTNER, Volker. "Handlung, Lebenswelt und Subjetivierung". In: *Dietmar Kamper e Volker Rittner, Zur Geschichte des Koerpers*. Karl Hansen Verlag, 1976.

RODRIGUES, José Carlos. "O corpo liberado?". In: Ilana Strozenberg (coord.), *De corpo e alma*. Rio de Janeiro, Comunicação Contemporânea, 1986/1987.

_____. *Tabu do corpo*. Rio de Janeiro, Dois Pontos, 1986.

RONGARD, Jean Pierre. "Escândalo: A maioria dos atletas se dopa". In: *Oitenta*. L&PM, 1982.

ROUSSEAU, Jean-Jacques. *Emílio ou da Educação*. Rio de Janeiro, Difusão Editorial, 1979.

_____. "Discurso sobre a desigualdade". In: *Os Pensadores*. Abril Cultural, 1988.

RUMPF, Horst. *Die uebergangene Sinnlichkeit*. Munique, Juventa Verlag, 1981.

SANTIN, Silvino. *Educação Física: Uma abordagem filosófica da corporeidade*. Ijuí, Livraria Unijuí, 1987.

SANTO AGOSTINHO. "Confissões X". In: *Os Pensadores*. São Paulo, Nova Cultural, 1987.

SÃO TOMÁS DE AQUINO. *Textos de los grandes filósofos — Edad Media*. Barcelona, Herder, 1985.

_____. "Compêndio de Teologia". In: *Os Pensadores*. Nova Cultural, 1988.

SARTRE, Jean-Paul. "Merleau-Ponty vivant". In: *Les Temps modernes*, 17. année, Revue mensuelle, 1961.

SAVIANI, Demerval. *Educação: Do senso comum à consciência filosófica*. São Paulo, Cortez, 1980.

_____. *Escola e democracia*. São Paulo, Cortez, 1984.

SCHILDER, Paul. *A imagem do corpo*. São Paulo, Martins Fontes, 1980.

SERGIO, Manuel. *A prática e a Educação Física*. Lisboa, Compendium, 1982.

SOBRAL, Francisco. *Introdução à Educação Física*. Lisboa, Livros Horizonte, 1985.

SUCHODOLSKI, Bogdan. *La educación humana del hombre*. Barcelona, Laia, 1977.

_____. *A pedagogia e as grandes correntes filosóficas*. Lisboa, Livros Horizonte, 1984.

TAMBOER, Jean. "Sich-Bewegen — ein Dialog zwischen Mensch und Welt". *Sportpaedagogic*, 3. Jahrgang, 2/79.

VASQUEZ, Adolfo Sánchez. *Filosofia da práxis*. Rio de Janeiro, Paz e Terra, 1977.

VEIT, Laetus Mario. "O conceito de experiência em Hegel". *Revista Brasileira de Filosofia*, vol. XXXIII, fasc. 129, janeiro/fevereiro/março 1983.

WAEHLENS, Alphonse. "Situation de Merleau-Ponty". *Les Temps Modernes*, 17. année, Revue mensuelle, nº 184-185, 1961.

WINDELBAND, Wilhelm. *Historia de la Filosofia*. México-Quito, Pallas, 1941.

_____. *La filosofia del Renacimiento*. Argentina, Antigua Libreria Robero, 1943.

ZUR LIPPE, Rudolf. *Naturbeherrschung am Menschen I*. Frankfurt, Syndikat, 1981.